GTB
Gütersloher Taschenbücher
12(

Burkhard Scherer

geboren 1971, Studium der Klassischen Philologie,
Religionswissenschaft und Indologie,
forscht zur Zeit an der Universität Groningen
in den Niederlanden.

Burkhard Scherer

99 Fragen zum Buddhismus

Gütersloher Verlagshaus

Originalausgabe

Die Deutsche Bibliothek – CIP-Einheitsaufnahme

Scherer, Burkhard: 99 Fragen zum Buddhismus /
Burkhard Scherer. – Orig.-Ausg. – Gütersloh :
Gütersloher Verl. Haus, 2002 (Gütersloher Taschenbücher ; 1202)
ISBN 3-579-01202-9

ISBN 3-579-01202-9

Umschlaggestaltung: Init GmbH, Bielefeld
unter Verwendung eines Dias von Ludwig Karner, Guxhagen.
Satz: Buch-Werkstatt GmbH, Bad Aibling
Druck und Bindung: Elsnerdruck GmbH, Berlin
Gedruckt auf chlorfrei gebleichtem Werkdruckpapier
Printed in Germany

Besuchen Sie uns im Internet: http://www.gtvh.de

Vorwort

Nach den vielen tibetisch-buddhistischen Büchern, die um die Jahrtausendwende die Buchläden füllen, ist es eine Freude, hier eine übergreifende Auslegung von dem so spannenden geistigen Gebiet Buddhas vorzufinden.

Burkhard Scherer hat auf Grundlage seiner tief gehenden Studien der 2.500 Jahre alten Pāli- und Sanskrittexte Buddhas und der Jahre als mein Schüler und Freund im Diamantweg der tibetischen Karma-Kagyü Schule mit diesem Buch das ganze Feld beschrieben. Es bringt alle Sichtweisen zusammen, die Buddha während seiner 45 Jahre Lehrtätigkeit zum Nutzen der Wesen entfaltete, und ermöglicht so einen Überblick über eine Weltreligion, die heute für viele Millionen Menschen eine erfüllende Lebenssicht ausmacht.

Mag es vielen gelingen, hier befreiende Anregungen für ihr Leben zu finden. Ein breiter Austausch zwischen den hohen buddhistischen Kulturen Asiens und unserem freiheitsliebenden Westen kann den Wesen nur nutzen.

Lama Ole Nydahl

Anmerkungen und Dank

Buddhistische Namen und Fachbegriffe zitiere ich in der Regel nach der Sanskritform. Sanskrit und Pāli-Wörter sind nach der in der Wissenschaft verwendeten Umschrift aufgeführt. Besonders Sonderzeichen wie Punkte unter den Buchstaben können dabei verwirrend wirken; mit Ausnahme von **ṣ** (= **sch**) können sie bei der Aussprache unbeachtet bleiben. Hauptregeln sind:

ā, **ī**, **ū** sind langes ***a, i, u***
c wie ***tsch*** in *Tscheche*
j wie ***dsch*** in *Dschungel*
ñ wie ***nj*** in *Tanja*
ś, **ṣ** wie ***sch*** in *Schal*
y wie ***j*** in *Jäger*

Zeitangaben für geschichtliche Ereignisse ohne Zusatz verstehen sich nach Beginn der christlich-westlichen Zeitrechnung:
1. Jh. = erstes Jahrhundert ›nach Christus‹.
Bei Daten davor ist die religiös neutrale Abkürzung v. u. Z. (›vor unserer Zeitrechnung‹) gewählt:
1. Jh. v. u. Z. = erstes Jahrhundert ›vor Christus‹.

Mein aufrichtiger Dank gilt allen, die bei der Entstehung dieses Buches geholfen haben.
Meinem Lehrer Ole Nydahl danke ich für sein Vertrauen und seine kraftvolle Begleitung auf dem Weg zur Erleuchtung.
Meinen Eltern, im Tod und Leben, sei dieses Buch gewidmet.

Namo ratnatrayāya!

Groningen, September 2001 — Burkhard Scherer

Frage 1

Was bedeutet der **Achtgliedrige Pfad** und warum ist er so wichtig?

Der ›Edle Achtgliedrige‹ oder ›Achtfache Pfad‹ ist der Teil der buddhistischen Grundlehre, der eine praktische Anleitung zur Befreiung und → Erleuchtung bietet. Und da Buddhismus weniger etwas ist, was man *glaubt*, als vielmehr etwas, was man *tut*, ist dies natürlich besonders wichtig!

Der Edle Achtgliedrige Pfad (*Ārya-aṣṭāṃgika-mārga*) bildet die letzte der → Vier Edlen Wahrheiten vom Leiden, seiner Ursache und seiner Aufhebung. Er beinhaltet eine Stufenschau heilsamen Verhaltens auf dem Weg zur Erleuchtung:

1. Rechte Anschauung (Pāli *sammā-diṭṭhi*)
2. Rechter Beschluss (*sammā-saṃkappa*)
3. Rechte Rede (*sammā-vācā*)
4. Rechtes Handeln (*sammā-kammanta*)
5. Rechter Lebenserwerb (*sammā-ājiva*)
6. Rechte Anstrengung (*sammā-vāyāma*)
7. Rechte Aufmerksamkeit (*sammā-sati*)
8. Rechte Versenkung (*sammā-samādhi*)

Die ersten beiden Glieder liegen auf der Ebene der Einsicht: Es geht um die Erkenntnis (1.), dass die Lehren des Buddha frei machen, und den Wille (2.), diese Lehren befolgen zu wollen.

Das 3.–5. Glied umfasst das Gebiet der Sittlichkeit oder → Ethik. Dabei ist entscheidend, keinem fühlenden Wesen Leiden zuzufügen, weder mit Wort (3.) noch Tat (4.) oder durch die Art und Weise, wie wir unseren Lebensunterhalt verdienen (5.): Buddhisten vermeiden Lügen und verletzende Worte, sie lassen sich nicht durch z. B. Zorn zu schädlichen Handlungen verleiten und arbeiten auch selten z. B. in einer Schlachterei.

Die letzten drei Glieder beziehen sich auf das Gebiet der Meditationspraxis: Eifer, Ausdauer und Regelmäßigkeit (6.) sind für die buddhistische → Meditation ebenso erforderlich, wie Konzentration und die richtige Methode (7. s. → Achtsamkeit) und der rechte, vertiefte Meditationsvorgang selbst (8.).

2 Frage

Was meinte der Buddha mit **Achtsamkeit**?

In einer seiner wichtigsten Belehrungen, der Rede von den Grundlagen der Achtsamkeit (*sattipaṭṭhāna-sutta*) legte der → Buddha die Grundlagen für die buddhistische → Meditation. Diese ist in allen Schulen des Buddhismus als Meditation der (Bewusstseins-)Stille und der höheren Einsicht bekannt. Rechte Achtsamkeit (*smṛti* Pāli *sati*) ist das entscheidende letzte Glied auf dem → Achtgliedrigen Pfad, vor Erreichen der Versenkungsstufe (*samādhi*), die den Vorhof der → Erleuchtung darstellt. Die Texte nennen vier Grundlagen der Achtsamkeit: die Betrachtung des Körpers, der Gefühle, des Bewusstseins und der ›Geistesobjekte‹. Der Meditierende untersucht also seine Erlebniswelt, angefangen von den Körperfunktionen wie Atmen, Blutstrom etc. über die aufkommenden (→ Stör-)Gefühle bis hin zu dem noch als persönlich vorgestellten Bewusstsein und den ›Geistesobjekten‹, d. h. alles, was sich im Geist wie auf einer leeren Leinwand abspielt. Bei allem durchschaut der Übende die Vergänglichkeit und Bedingtheit dessen, was geschieht. Er durchschneidet die triebhafte Bindung an die Welt (→ Anhaftung) und erkennt die → Leerheit aller Dinge, dadurch erlangt er schließlich Erleuchtung. Der Buddha bezeichnete diese Methode auch als den ›einzigen Weg‹ aus dem → Leiden.

Lit.: Nyanaponika Thera: *Geistestraining durch Achtsamkeit*, Konstanz: Christiani 1979. [5]1993.

3 Frage

Was macht den japanischen **Amida-Buddhismus** so besonders?

→ Erleuchtung scheint manchmal sehr weit weg. Darum gab es in der geschichtlichen Entwicklung des Buddhismus in der Volksfrömmigkeit immer den Gedanken, im liebevollen Vertrauen zum → Buddha gute Verdienste ansammeln zu können und so eine bessere → Wiedergeburt zu erlangen. Im nördlichen Buddhismus (→ Mahāyāna) findet sich dieser Gedanke im Amida-Buddhismus (auch: ›Amidismus‹) → Japans voll entfaltet. Erleuchtung als innere Entwicklungsmöglichkeit wird hier in einer → Buddhaform zum Gegenstand der Hoffnung und Verehrung: Amida (skt. *Amitābha*). Der Legende nach soll Amida, bevor er erleuchtet wurde, geschworen haben, für alle Menschen einen besonders einfachen Zugang zur Befreiung zu erschaffen: ein → Reines Land (chin. *jintu*, jap. *jôdo*). Dies ist ein geistiger Zustand außerhalb der Welt des → Leidens, eine sichere Zwischenstation hin zur Erleuchtung. Bloß durch Vertrauen zu ihm sollte es den Wesen möglich sein, in seinen Kraftkreis, das Reine Land *Sukhāvatī* (›Glücksheim‹), zu gelangen. Das Anrufen seines Namens in der Formel ›*Namu-Amida-butsu*‹ – ›Verehrung dem Buddha Amida‹ – reicht dazu aus.

Diese Form des Buddhismus fand seine erste ausgeprägte Form im → China des 5.–6. Jh.; in Japan blühte er erstmals im 12. Jh.: Die damals gegründeten Schulen *Jôdo* (›Reines Land‹) und *Jôdo Shin* (›Neues Reines Land‹) gehen auf das Wirken der großen Erneuerer Hônen und Shinran in diesem Jahrhundert zurück, bis heute stellen sie in Japan die größten und wichtigsten Schulen des Amida-Buddhismus, wenn nicht des Buddhismus überhaupt, dar.

Als wichtigste Texte des Amida-Buddhismus gelten die beiden Fassungen der ›Beschreibung von Glücksheim‹ (*Sukhāvatīvyūha*) und das ›Sūtra über die Meditation auf den Langlebens-Buddha‹; diese Texte sind zuerst im 5. Jh. in China nachweisbar.

Auch im Buddhismus → Tibets (Nyingma- und Kagyü-Schule) gibt es eine besondere Meditation, um im Augenblick des Todes das Bewusstsein in das Reine Land dieses ›Buddha des Grenzenlosen Lichtes‹ zu übertragen (Phowa).

Lit.: Volker Zotz: *Der Buddha im Reinen Land*, München: Diederichs 1991.

Frage 4

Hatte der Buddha Lieblingsjünger? – oder: Wer ist **Ānanda**?

Der historische → Buddha Śākyamuni hatte viele bedeutende Jünger: Śāriputra (Pāli: Sariputta), Meister der Philosophie, und Maudgalyāna (Pāli: Moggallāna), Meister der Meditation, gelten als seine Hauptschüler. Daneben verdienen Upāli, Herr der Ordenszucht (*vinaya*), und natürlich Mahākāśyapa, der das erste → Konzil zusammenrief und als erster indischer Patriarch des japanischen → Zen-Buddhismus gilt, besondere Erwähnung. Der nördliche Buddhismus – → Mahāyāna – sieht dagegen vor allem Buddhas Schüler Subhūti als den Empfänger der tiefsten Lehren über die sogenannte Höchste Weisheit (→ *Prajñāpāramitā*), nämlich, dass alles → Leerheit, und Leerheit alles ist.

Doch kein Schüler stand dem Buddha so nahe, wie Buddhas Vetter (väterlicherseits) Ānanda. Dieser versorgte ihn die letzten 20 Jahre als Leibdiener. Er war es, der mit seinem großartigen Gedächtnis jedes Lehrwort des Erhabenen bewahrte und dann nach dem Tod des Buddha auf dem ersten Konzil vortrug. Die Texte berichten von der hingebungsvollen Fürsorge des jüngeren Ānanda an seinen erleuchteten Cousin. Und doch wird er auch heftig kritisiert. Der strengeren, weltabgewandteren Gruppe um Mahākāśyapa war Ānandas gefühlvolle Hingabe ein Dorn im Auge. Vor allem seine Vermittlung bei der Gründung des Nonnenordens wurde ihm von manchen frauenfeindlichen Mönchen übel genommen. Zudem meinte man, er hätte den Buddha bitten müssen, länger in dieser Welt zu bleiben. Ānanda soll darum erst relativ spät die Erleuchtung erlangt haben. Er gilt als zweiter indischer Patriarch des → Zen-Buddhismus.

Lit.: Thera Nyanaponika/Hellmuth Hecker: *Die Jünger Buddhas,* Bern: Scherz 2000.

5 Frage

Was ist falsch an **Anhaftung**?

Anhaftung ist die Ursache des → Leidens.

Wir kennen das aus unserem Alltag. Wenn wir etwas oder jemanden nicht loslassen können, leiden wir: Wir leiden, weil wir Angst haben, es zu verlieren, oder wenn wir es verloren haben, weil es nicht mehr da ist. Am stärksten haben wir dieses Gefühl, wenn es um Menschen geht, die wir lieben. In der modernen Lebenshilfe wie im Buddhismus gilt darum: Wahre Liebe lässt los.

Anhaften (*upādāna*) kommt aus der Begierde (*tṛṣṇā*, Pāli *taṇhā*, ›Durst‹), die Buddhas Kernlehre, die → Vier Edlen Wahrheiten, als Ursache des Leidens und der → Wiedergeburt bestimmt. Genauer nennt Buddha in diesem Zusammenhang drei Arten von Anhaften: die sexuelle Gier, die Gier zu leben und die Gier zu sterben. In einem Dreischritt umfasst er damit das ganze Spektrum: Die Welt des oberflächlichen, vergänglichen Genusses und der Sinne; das tiefere Streben nach Ganzheit und Unsterblichkeit; und aus der Enttäuschung am Leben den Zynismus, den Nihilismus, die Sehnsucht nach dem Nichts, nach Tod. All dies sind Formen von Anhaften, die uns nur tiefer in die Welt des Leidens (→ *saṃsāra*) verstricken. Wer dem Kreislauf der Existenzen und des Leidens entfliehen will, lernt loszulassen. Oder, wie es in den tibetischen ›vier allgemeinen Betrachtungen‹ gelehrt wird: Besitz, Freunde, schöne Augenblicke sind nur ein Galgenmahl. Allein → Erleuchtung verspricht dauerhaftes, höchstes Glück.

6 Frage

Was ist ein ›vollendeter‹ Mensch, ein **Arhat**?

Im südlichen Buddhismus (→ Theravāda) stellt der Arhat (›Würdige‹, ›Vollendete‹) das Ziel desjenigen dar, der nach → Erleuchtung sucht. Als Arhat hat der Praktizierende, traditionell als Mönch, die Erleuchtung verwirklicht und tritt nach dem Verschwinden seines ›Rest‹-→ Karma, also aller Bedingungen, die seinen Körper geformt haben, ins → Nirvana ein.

Im → Pāli-Kanon werden vier Stufen der Arhatschaft unterschieden:

1. Der ›Stromeintreter‹ (*sotāpanna*); er hat den Glauben an eine Persönlichkeit ebenso überwunden wie Zweifel und Ritualismus.
2. Der ›Einmalwiederkehrer‹ (*sakadāgamin*); er hat Begierde und Übelwollen schon beinahe besiegt.
3. Der ›Niewiederkehrer‹ (*anāgamin*); er hat Begierde und Übelwollen völlig überwunden.
4. Der Arhat (*arahant*).

Die in 1.–3. genannten fünf Geisteshaltungen nennt man die ›niedrigen Fesseln‹. Der Arhat ist zusätzlich frei von den fünf ›höheren Fesseln‹: Begehren nach feinkörperlichem Dasein, nach Unkörperlichkeit, Hochmut, Gefühlsunruhe und Unwissenheit.

Eng verwandt mit ›Arhat‹ ist der Begriff des ›Privat-Buddha‹ (*pratyeka*-Buddha). Dieser ist zur Erleuchtung gelangt, gibt die befreiende Lehre aber nicht weiter und geht ins Nirvana ein.

Dem Arhat und Pratyekabuddha des Theravāda steht im nördlichen Buddhismus, → Mahāyāna und → Diamantweg, das Ideal des → Bodhisattva gegenüber. Dieser bleibt nach der Erleuchtung willentlich im Kreislauf der Existenzen, um allen Wesen helfen zu können.

7 Frage

Ist **Askese** für Buddhisten wichtig?

Askese stellt im Buddhismus kein Ideal dar. Wesentlich wichtiger ist das→ Meditieren.

Freilich ist es schwierig zu meditieren, wenn man durch übermäßigen Wohlstand abgelenkt wird. Demnach ist es gut, sich einzuschränken und sich die Vergänglichkeit aller schönen Dinge vor Augen zu führen. Genügsamkeit schadet sicher nicht auf dem Weg zur → Erleuchtung!

Der Buddha selbst lebte in einer Zeit, wo viele idealistische junge Männer ihr gewohntes Leben aufgaben, um nach Sinn, Befreiung bzw. Erleuchtung zu suchen. Und viele sahen gerade in selbstquälerischer Askese einen Weg dahin. In seinen sechs Wanderjahren vor der Nacht der Erleuchtung probierte auch der Buddha durch unmenschliche Marterungsübungen sein Ziel zu erreichen. Er aß nur noch einmal in der Woche eine hohle Hand voll, meditierte nackt stundenlang in der glühenden Sonne, stand tagelang auf einem Bein und schlief auf Dornen oder auf Leichenfeldern. Und obwohl er die Bewunderung anderer Asketen erlangte, brachte ihn all das seinem Ziel nicht näher. Er erkannte, dass der Geist nur Ruhe finden kann, wenn die Basisbedürfnisse des Körpers befriedigt sind. Darum beendete er die Selbstmarterung. In seiner ersten Predigt, in der er von den → Vier Wahrheiten spricht, bezeichnete er darum auch seine Lehre als einen → Mittleren Weg, einen Weg, der weder in das Extrem des ungehemmten Genusses noch in das der Selbstquälerei verfällt. Nun sind wir weit entfernt vom Indien des 6./5. Jh. v. u. Z. Die buddhistischen Sittenregeln (*śila*, s. → Ethik) für → Laien erscheinen uns dabei zwar noch sanft: 1. Nicht töten, 2. Nicht stehlen, 3. Nicht sexuell verletzen, 4. Nicht lügen, 5. Keine Drogen. Die Regeln der → Mönche aber können aus unserer westlichen Bequemlichkeit heraus ziemlich asketisch anmuten; in der Zeit ihres Entstehens aber galten sie als sehr milde: Mönche müssen nämlich zusätzlich sexuell enthaltsam leben und noch fünf weitere Regeln beachten: 6. Nicht mehr nach 12 Uhr essen, 7. Keine Feste, 8. Kein Schmuck, 9. Keine bequemen Betten, 10. Kein Geldbesitz. Laien halten z. B. im südlichen Buddhismus an vier monatlichen Fastentagen (*uposatha*), besonders am Voll- und Neumond zur → Beichtfeier, alle 10 Regeln ein. Bewusster Verzicht ist hier also eine geistige Vorbereitung auf die Meditation.

8 Frage

Was sind die Vier **Ausfahrten**?

Es wird erzählt, dass der historische → Buddha sorgenfrei und abgeschirmt von der Außenwelt als Prinz aufwuchs. Denn sein Vater, König Śuddhodana, wollte, dass sein Sohn Siddhārtha einst das Reich übernehme und ein gewaltiger Herrscher, ja ein Weltenherrscher, würde. So hatte bei Geburt des Königssohnes der Seher Atisa prophezeit. Nur großes Mitgefühl mit den leidenden Wesen und der Auszug in die Hauslosigkeit könne dies verhindern – dann werde der Prinz zum Wohle aller → Erleuchtung erlangen!

Śuddhonana versuchte darum, seinen Sohn mit allerlei Zerstreuungen von der Wirklichkeit abzuschotten, der Prinz lebte im Palast wie in einem goldenem Käfig. Sein Wissensdurst aber quälte ihn und so verließ er den Palast schließlich zum ersten Mal mit seinem treuen Diener Chandaka in einer Kutsche. Dreimal fuhr Siddhārtha aus, dreimal begegnete er dem → Leiden in Form von Alter, Krankheit und Tod. Da erkannte er die Vergänglichkeit aller Dinge. Als er zum vierten Mal ausfuhr, traf er einen Asketen. Schlagartig wurde ihm klar, dass nur das Geistige, Spirituelle Dauerhaftes verspricht und er entsagte seinem Reichtum, verließ sein Elternhaus und machte sich auf die Suche nach Erleuchtung.

Diese Legende findet sich ausgeschmückt in den alten Buddhabiografien, im *Nidānakathā* des → Theravāda-Buddhismus, im

Lalitavistara aus der → Schule der Sarvāstivādins und im Epos des großen Dichter *Aśvaghoṣa* (1. Jh.), dem *Buddhacarita*.

Die Legende macht die Erfahrung des Leidens zur entscheidenden Triebfeder in Buddhas Leben und nimmt damit seine Lehre von den → Vier Wahrheiten – nämlich dem Leiden, seiner Ursache, seiner Vernichtung und dem Pfad dahin – vorweg.

9 Frage

Wie sieht Erleuchtung als Mitgefühl aus? – oder: Wer ist **Avalokiteśvara**?

Auf einer flachen Mondscheibe (Klarheit des Bewusstseins) in einer geöffneten Lotusblüte (Reinheit des Geistes) sitzt eine weiße, männliche Gestalt mit vier Armen (den vier *apramāṇa*, ›unermesslichen Eigenschaften‹: Liebe, Mitgefühl, Mitfreude und Gleichmut). Seine Augen blicken mild, er lächelt freundlich. Die rechte obere Hand hält eine Meditationskette (*Mālā*) aus Kristall (tätiges Mitgefühl für alle Wesen), die linke einen dreifachen Lotus mit Knospe, Blüte und Frucht (die Buddhas der drei Zeiten: Vergangenheit, Gegenwart, Zukunft); das andere Händepaar hält das Wunschjuwel (Reichtum und Vielfalt der Erleuchtung). Seine Schultern bedeckt ein Antilopenfell (Güte). Er sitzt in vollständiger Meditationshaltung (Diamanthaltung), die Beine gekreuzt. Sein Haupt krönt der rote Buddha des Grenzenlosen Lichtes, zu dessen → Buddhafamilie er gehört. So sieht die bekannteste Form des → Mitgefühls in → Tibet aus: Avalokiteśvara, ›der, der liebevoll auf alle Wesen blickt‹ (tib. *spyan ras gzigs*, ›Tschenresi‹). Seine heiligen Silben, das → Mantra ›Oṃ Maṇi Padme Hūṃ‹ strahlt zu allen Wesen der sechs Existenzreiche (s. → Gott).

In einer anderen Form wird er stehend mit elf Köpfen und 1.000 Armen abgebildet – sein Mitgefühl erreicht so alle Wesen. Höchste tibetische Lamas, wie der → Karmapa und der → Dalai Lama gelten als seine Ausstrahlung (›Tulkus‹, s. drei → Körper). Das → Lotus-Sūtra (Kap. 24 bzw. 25) feiert seine allumfassende Liebe. In → China und → Japan genießt Avalokiteśvara unter dem Namen *Kuan-Yin*, bzw. *Kannon* besondere Verehrung, so z. B. in der *T'ien-t'ai*-Schule (in Japan *Tendai*). Aber auch in den ostasiatischen Schulen, die auf die befreiende Kraft des Buddha Amitābha vertrauen (→ Amida-Buddhismus), hat er eine zentrale Stellung. Bemerkenswerterweise änderte *Kuan Yin/Kannon* um das 9. Jh. das Geschlecht. Dies geschah unter dem Einfluss weiblicher Aspekte, wie der tibetischen Befreierin → Tārā, aber auch der taoistischen ›Göttin der rotglühenden Wolke‹. Als Helferin besonders der durch starre Rollenbilder in ihrer Entfaltung behinderten Frauen des alten Chinas spielte sie fortan eine wichtige Rolle. Zahllose Legenden zeugen von großer Volksnähe. So gibt sie als Prinzessin Miaoschan in der ›Kostbaren Rolle vom Weihrauchberg‹ ohne zu Zögern ihre Hände und Augen für die Genesung ihres grausamen Vaters. In einer anderen Legende (›*Kuan Yin* mit dem Fischkorb‹) bekehrt sie als Hure ihre Freier zum Buddhismus.

10 Frage

Gibt es im Buddhismus so etwas wie eine **Beichte**?

Tatsächlich gibt es ein buddhistisches Ritual, das mit dem Bekennen von Verfehlungen zu tun hat. → Mönche – und später auch → Laien – versammelten sich am Voll- und am Neumondstag zu einer *prātimokṣa* genannten Zeremonie. Dabei wird eine Liste von möglichen Verstößen gegen die Regeln durchgegangen, eventuelle Fehltritte werden bekannt, um die spirituelle Reinheit der Gemeinschaft, der → Sangha, wiederherzustellen.

Dabei ist es wichtig im Hinterkopf zu behalten, dass das Konzept der Sünde dem Buddhismus wesensfremd ist. Taten haben Auswirkungen, heilsame oder unheilsame: Das besagt das Gesetz vom → Karma. Es gibt niemanden, der die Wirkung von unheilsamen Taten aus der Welt schafft, es gibt keine Vergebung durch einen → Gott. Das Benennen unheilsamer Taten hat vor allem den Sinn, das Bewusstsein erneut auf das Ziel der Erleuchtung zu lenken und sich vorzunehmen, in Zukunft negative Handlungen aufzugeben und immer nur heilsam für alle Wesen zu wirken.

Warum findet diese Feier nun an besonderen Mondtagen statt? Das indische Jahr folgt traditionell dem Mondkalender, beginnend mit dem Neumond in vier Abschnitte gegliedert, die durch einen besonderen Tag eingeleitet werden. Diese Tage gelten bei den meisten Buddhisten als besondere Fasttage: *(u)poṣadha* (Pāli *uposatha*), gute Tage für Besinnlichkeit und Meditation. Auch fanden der Legen de nach z. B. alle bedeutenden Ereignisse im Leben des Buddha an einem Vollmondtag statt, so am ersten Vollmond des Frühlings Geburt, Auszug, Erleuchtung, Eingang ins *Mahāparinirvāṇa* (s. → Nirvana). Der südliche Buddhismus z. B. feiert diesen ersten Vollmondtag im April/Mai bis heute mit dem großen *Vesākh*-→ Fest.

11 Frage

Wor sind die grausigen Buddhas? – oder: Was sind **Beschützer**?

Vielleicht haben Sie schon einmal → tibetische Bilder von schwarzen, grausamen Gestalten mit blutigen Fangzähnen, Schädelketten und Hackmessern gesehen. Dies sind keine Gespenster oder Dämonen. Es sind → Buddhaformen, die den schützenden Tatbereich der → Erleuchtung versinnbildlichen. Was sie mit ihrer kraftvollen Erscheinung abschrecken und besiegen, sind die → Störgefühle, die uns hindern, die volle Entwicklung und den natürlichen Zustand unseres Geistes – Erleuchtung – zu erleben. In der Volksfrömmigkeit gelten sie als mächtige Beschützer des Buddhismus. Besonders Mahākāla, ›der Große Schwarze‹, beschirmt in verschiedenen Formen die vier tibetischen → Schulen. Er gilt als wüste Form → Avalokiteśvaras, der Versinnbildlichung des Mitgefühls. Für den Meditierenden drücken die Beschützer die innere, schützende Kraft des Meditationsablaufes aus, die → Achtsamkeit und Einsgerichtheit gewährleistet und sich nicht in die Fallen der ›Ich‹-Vorstellung locken lässt. Denn wenn wir lernen, das ›Ego‹ loszulassen, jammert und quengelt es wie ein kleines Kind. Wir werden müde und bequem, alles wird wichtiger als die Meditation. Oder wir glauben in einem Ego-Tripp schon so weit zu sein, dass wir eigentlich gar nicht mehr an uns arbeiten müssen. Hier hilft die beschützende Energie der Erleuchtung. Mit Dolch, Hack- oder Haumesser schneidet sie die → Anhaftung, das krampfhafte Festklammern an das nur eingebildete ›Selbst‹ durch.

12 Frage

Beten
Buddhisten?

Nein; Buddhisten meditieren.

In den Religionen, in den der Glaube an einen → Gott oder an Götter eine große Rolle spielt, bedeutet ›Beten‹, dass man mit dieser äußeren Macht spricht. Gefühle von Dankbarkeit oder Unzufriedenheit mit den jeweiligen Gegebenheiten, in denen man lebt, werden in einem Gebet mit Lob oder Bitte vor die Gottheit gebracht. Der Buddhismus ist dagegen eine → Religion, in der persönliche Erfahrung und die Suche nach → Erleuchtung wichtiger sind, als der Glaube an ›Wahrheiten‹. Gott oder Götter spielen keine Rolle für das Heil der Menschen; nach der Gesetzmäßigkeit von Ursache und Wirkung, → Karma, ist der Mensch frei, seine Zukunft zu gestalten: Ohne rächenden oder vergebenden Gott trägt er allein die

Folgen seiner Handlungen. Darum betet ein Buddhist nicht zu einem höheren Wesen, sondern strebt aufrecht und freudvoll nach innerer Entwicklung. Durch → Meditation befreit er sich von den Fesseln der → Störgefühle, von Begierde, Hass und Verblendung und strebt Erleuchtung an: höchste, dauerhafte Freude.

13 Frage

Wie muss ich denken, um erleuchtet zu werden? – oder: Was ist ***bodhicitta***?

Bodhicitta, ›Erleuchtungsgeist‹, meint die rechte Einstellung zur Erleuchtung, nämlich das starke Bestreben, dass alle fühlenden Wesen Erleuchtung erlangen mögen. Im nördlichen Buddhismus (→ Mahāyāna) ist dieser Wunsch unerlässlich zur schnellen persönlichen Entwicklung und mündet gewöhnlich in das feierliche, so genannte → Bodhisattva-Gelübde, das Versprechen, ein ›Erleuchtungswesen‹ zu werden, das anderen auf ihrem Weg zur Erleuchtung hilft.

Das in Tibet weit verbreitete *bodhicitta*-Wunschgebet formuliert die Erleuchtungshaltung so: *Mögen alle Wesen das Glück haben und die Ursache des Glücks. Mögen sie frei sein von Leiden und den Ursachen von Leiden. Mögen sie glücklich sein ohne Leiden. Mögen sie Gleichmut erfahren ohne Anhaftung am Angenehmen und Abkehr von Unangenehmen.*

Bodhicitta findet sich als die so genannten ›Vier Unermesslichen‹ (*catvary apramāṇāni*) zusammengefasst, nämlich Liebe, Mitgefühl, Mitfreude und Gleichmut. Diesen entsprechen die vier Arme → Avalokiteśvaras, dem Ausdruck des Mitgefühls der Erleuchtung.

14 Frage

Was tut ein **Bodhisattva**?

Ein Bodhisattva tut vor allem eines: Er hilft anderen Wesen! Nach den Lehren des nördlichen Buddhismus (→ Mahāyāna) bleibt jemand, der bereits hoch entwickelt ist auf dem Weg zur → Erleuchtung, in der Welt des Leidens (→ *saṃsāra*), um anderen zu helfen. Dies ist ein Bodhisattva, ein ›Erleuchtungswesen‹. Vom Standpunkt der → Weisheit aus hat er erkannt, dass es → Leiden gibt; und doch: wer leidet? Niemand! Denn alles ist letztlich → leer. Aus → Mitgefühl strebt der Bodhisattva nach Vernichtung des Leidens bei jedem (eingebildeten) Wesen. Das ist seine Erleuchtungshaltung (→ *bodhicitta*), das hat er in einem feierlichen Gelübde (*praṇidhāna*) versprochen. Jeder, der ernsthaft Mahāyāna oder den → Diamantweg beübt, wird irgendwann dieses Versprechen ablegen; Erleuchtung wird dann zu einer selbstlosen Reise und nicht zu einem Ego-Tripp. Traditionell unterscheidet man zehn Stufen (*bhūmi*) der Bodhisattvaschaft, auf denen zehn verschiedene Tugenden und Fähigkeiten (*pāramitās*) vollendet werden, von Freigiebigkeit bis höchster Bewusstheit. Der Bodhisattva wird so zu einer Ausstrahlung der Erleuchtung selbst. Im mystischen Buddhismus Tibets (Diamantweg) wird der Begriff ›Bodhisattva‹ dann auch für Erleuchtungsaspekte (s. → Buddhaformen) verwendet, z. B. für den Aspekt der Weisheit, Mañjuśrī, oder des Mitgefühls, → Avalokiteśvara. Auf Erden wandelnde Bodhisattvas, wie der → Karmapa und der → Dalai Lama nennt man ›Tulkus‹ (*sprul sku*), Ausstrahlungskörper bestimmter Aspekte von Erleuchtung (s. drei → Körper).

Im allgemeinen Sinne, besonders im südlichen Buddhismus, kann ›Bodhisattva‹ auch einen zukünftigen Buddha bezeichnen, also z. B. den historischen Buddha Śākyamuni vor seiner Erleuchtung.

15 Frage

Wer und was ist der **Buddha**?

Der historische Buddha lebte vor ungefähr 2.500 Jahren in Norden des indischen Subkontinentes. Um das genaue Todesjahr dieses ›Weisen aus dem Geschlecht der Śākyas‹ (Śākyamuni) gibt es eine lebhafte gelehrte Diskussion; in den meisten buddhistischen Ländern setzt man es mit 544 v. u. Z. an, viele westliche Forscher halten dagegen 480 oder selbst 368 v. u. Z. für wahrscheinlicher. Geboren in Lumbini im heutigen Nepal, wuchs Siddhārtha Gautama der Legende nach als Prinz auf, verließ aber mit 29 Jahren Palast und Luxus und suchte sechs Jahre lang als Wanderasket nach Befreiung, bevor er mit 35 Jahren im heutigen Bodh-Gayā → Erleuchtung erlangte. Seitdem wurde er ›Buddha‹, ›der Erwachte‹, genannt oder auch ›Tathāgata‹, ›der So-Gegangene‹, ›der, der den Heilspfad vollendet hat‹. Denn der Buddha hatte erkannt, dass Leben, Leiden und die Begierde die Ursache des Leidens ist (→ Vier Edle Wahrheiten). Er durchschaute die Zusammenhänge von Ursache und Wirkung (→ Karma) und die → Leerheit aller Dinge. Die → Anhaftung an ein ›Selbst‹, eine → Seele erkannte er als grundlegenden Irrtum (→ Nicht-Ich-Lehre). Fortan lehrte er 45 Jahre lang den → *dharma*, seinen praktischen Weg aus dem Leiden (s. → Achtgliedriger Pfad); er scharte viele treue Schüler um sich her (s. → Ānanda) und gründete eine Gemeinschaft (→ Sangha), einen Orden für → Mönche und Nonnen (s. → Frauen). In seinen Belehrungen ging er auf die Fähigkeiten und Bedürfnisse seiner Zuhörer ein, da er keine absoluten Wahrheiten verkünden, sondern eine wirksame Anleitung aus dem Leiden geben wollte, ein → Floß über den Strom der Wiedergeburten. Die verschiedenen buddhistischen → Schulen, die sich ergänzen, wurden durch dieses Vorgehen des Buddha angelegt. Mit 80 Jahren ging er bei Kuśinagara ins ›Große, völlige Verwehen‹ (*Mahāparinirvāṇa*) ein.

Was war der historische Buddha für ein Wesen? Mensch? → Erlöser? → Gott? Nein. Er war ein Mensch am Ende seines Weges.

Erleuchtung machte ihn zu einer Klasse für sich. Wo die → Illusion von einem ›Ich‹ aufhört, hören auch die Bezeichnungen auf. Als Lehrer und Vorbild steht er im südlichen Buddhismus (→ Theravāda) in hohem Ansehen; daneben betont der nördliche Buddhismus, → Mahāyāna und → Diamantweg, dass Buddha für die Wirklichkeit, das Programm ›Erleuchtung‹ steht, die in uns allen keimhaft anwesend ist (→ Buddhanatur) und sich in verschiedenen Eigenschaften und Tatbereichen ausdrücken kann (s. → Buddhaformen).

Lit.: Burkhard Scherer, *Basiswissen Buddha*, Gütersloh, Gütersloher Verlagshaus 2001, GTB 657.

16 Frage

Was meint man mit **Buddhafamilie**?

Nach den Lehren des → Diamantwegs werden die fünf → Störgefühle Verwirrtheit, Hass/Wut, Stolz, Begierde und Eifersucht in fünf Arten erleuchteter Weisheit umgewandelt. Diese Weisheiten werden in einem Meditationsbild (→ Mandala) als fünf → Buddhaformen dargestellt. Jedem dieser fünf ›Versenkungs-Buddhas‹ (*Dhyāni*-Buddhas) sind die anderen Buddhaformen zugeordnet, sie bilden eine Buddha- oder *Tathāgata*-Familie (*Buddhakula*).

Im Zentrum des Mandalas sitzt der Ur-Buddha (*Ādi*-Buddha), der die Eigennatur der → Erleuchtung ausdrückt – den ›Wahrheitskörper‹ (s. drei → Körper). Er ist meistens blau und erscheint z. B. nackt als in sich ruhender Samantabhadra, als lehrender Vairocana oder als Buddha ›Diamanthalter‹, Vajradhara. Dieser kreuzt dann zwei Diamantzepter vor seiner Brust, dem Zeichen von → Buddhanatur und → Leerheit, aber auch des geschickten Mittels (*upāya*) zur Befreiung. Er drückt die Umwandlung des grundlegendsten Störgefühles, der Verwirrtheit/Unwissenheit (*moha/avidyā*), in alles durchdringende Weisheit aus. Seine Buddhafamilie nennt man die *dharma*-Familie.

Unterhalb des Ur-Buddha, im Osten, sitzt Akṣobhya, der ›Unerschütterliche‹, weiß oder blau von Hautfarbe, mit einem Diamantzepter in der Linken, die Rechte zur Erde gestreckt. Er ist das Haupt der Diamant-Familie. Er steht für die spiegelgleiche Weisheit – den Geisteszustand, der erscheint, wo Wut und Zorn verschwinden: Wahrnehmung ohne Wertung. Der Reinigungsaspekt der Erleuchtung, der weiße Buddha ›Diamantgeist‹ (Vajrasattva), gehört zu seiner Buddhafamilie. In älteren Texten wie dem *Guhyasamāja-Tantra* tauscht Akṣobhya mit dem Ur-Buddha Vairocana seinen Platz.

Stolz wandelt sich in einschmelzende Weisheit, in die Einsicht, dass eigentlich kein Unterschied zwischen den Wesen ist, dass alles → Leerheit ist. ›Guter Stolz‹ kann dann entstehen, d. h. die Freude über das, was wir alle bereits können. Der gelbe Buddha Ratnasambhava (›der, dessen Wesen das Juwel ist‹) steht für diese Weisheit, er befindet sich links vom Betrachter aus im Süden und hält ein Juwel in der Linken, während die Rechte am Knie zum Zeichen der Wunschgewährung die Handfläche nach vorne dreht.

Oberhalb des Ur-Buddha befindet sich im Westen der rote Buddha Amitābha (›Unendlicher Glanz‹). Hier findet sich Leidenschaft, → Anhaftung, Begierde in ›unterscheidende Weisheit‹ verändert. Amitābha hält eine Almosenschale im Schoß. In der Form des Langlebens-Buddha Amitāyus ist es eine Vase mit dem Nektar der Befreiung. Er und sein → Reines Land (Kraftkreis) Sukhāvatī sind die Hoffnung vieler Buddhisten in → China und → Japan (s. → Amida-Buddhismus). Zu Amitābhas Lotus-Familie gehört u. a. → Avalokiteśvara, das Mitgefühl der Erleuchtung.

Zuletzt stellt der grüne Buddha Amoghasiddhi die Weisheit der Tatvollendung dar. Wo lähmender Neid verschwindet, strahlt Erleuchtung als freudige Tatkraft. Somit ist Amoghasiddhi das Haupt der Tat-Familie. Er sitzt im Norden (rechts), seine Linke formt die Ermutigungsgeste mit der Handfläche am Herzen, seine Rechte hält meistens ein Diamantzepterkreuz im Schoß. Seine Meditationspartnerin ist der weibliche Aspekt des tätigen Mitgefühls, → Tārā.

Lit.: Lama Anagarika Govinda: *Grundlagen tibetischer Mystik*, Bern: Scherz [8]1991.

17 Frage

Warum gibt es so viele verschiedene **Buddhaformen**?

Sie haben sicher schon einmal fremd anmutende Buddhabilder mit mehreren Köpfen und Armen gesehen. Sie kennen die dicken, lachenden Buddhas aus chinesischem Porzellan oder Jade. Offensichtlich stellen diese Figuren etwas anderes dar, als den historischen → Buddha Śākyamuni. Aber was? Für den nördlichen Buddhismus ist Buddha mehr als eine historische Gestalt, die → Erleuchtung erlangt hat. Buddha ist Zeugnis und Ausdruck der Erleuchtung selbst, die allen Wesen als Keim innewohnt (s. → Buddhanatur). Diese Erleuchtung ist auf mehreren Ebenen oder in mehreren Eigenschaften erfahrbar. Die verschiedenen Buddha- und → Bodhisattvaformen des → Mahāyāna und besonders des tibetischen → Diamantwegs drücken die Wahrheit der Erleuchtung unter verschiedenen Aspekten aus. Sie können weiblich, männlich, einzeln oder in sexueller Vereinigung (*yab yum*, s. → Tantra), friedvoll oder wüst erscheinen. Dabei ist die Abbildungsweise meistens bis ins kleinste Detail festgelegt: Alles, einschließlich Körperhaltung, Anzahl der Arme, Gesten (→ Mudrā) und Schmuck, weist auf Eigenschaften und Wirkungskreis eines Aspektes hin.

Betrachten wir die zentralen Erleuchtungsaspekte, → Weisheit und → Mitgefühl:

Der friedliche, einzelne, männliche Weisheitsbodhisattva Mañjuśri hält in der Linken ein Schwert erhoben, da er die Wurzeln der Unwissenheit abschneidet. Sein anderes Attribut, das Buch, deutet auf die Lehre von der ›Höchsten Weisheit‹ (→ *Prajñāpāramitā*) hin. Seine jugendliche Gestalt deutet die Zeitlosigkeit der Weisheit an, sein Zierrat und seine Seidenroben stehen für die Freude und Fülle der Erleuchtung usw. Der Aspekt des Mitgefühls wird durch → Avalokiteśvara verkörpert, der meistens weiß und vierarmig dargestellt wird.

Erleuchtete Weisheit, die aus der Umformung von → Störgefühlen entsteht, wird in den Fünf so genannten Versenkungs-(*Dhyāni*-)

Buddhas verkörpert, die häufig in einer besonderen Meditationskarte (→ Mandala) abgebildet werden; sie stehen jeweils einer eigenen Klasse von Erleuchtungsaspekten vor, den fünf → Buddhafamilien. Auch die dunklen, grausig blickenden Gestalten mit Schädelgirlanden und blutigen Dolchen sind Ausdruck von Erleuchtung. Es handelt sich dabei um → Beschützeraspekte, die mit ihrer wüsten Gestalt vor allem den Sieg über die Störgefühle ausdrücken.

Die dicken lachenden Buddhas sind übrigens meistens volkstümliche Formen, die mit Wohlstand zu tun haben – wie in vielen Kulturen wird Leibesfülle in Ostasien mit Reichtum und Glück verbunden.

18 Frage

Hat jeder eine **Buddhanatur**?

Nach dem Verscheiden des Buddha fragten sich seine Schüler, wer und was der Buddha eigentlich sei. Und im nördlichen Buddhismus (→ Mahāyāna) reifte die Erkenntnis, dass der Buddha mehr ist, als nur ein Wesen am Ende seines Weges durch den Kreislauf der Existenzen. Denn ›Buddha‹ steht auch für das Programm → ›Erleuchtung‹, das Ziel jedes Wesens. Dieses Ziel erleben wir einerseits als etwas außerhalb unserer selbst – wir sind noch nicht erleuchtet. Andererseits wohnt die Möglichkeit, der Keim zur Erleuchtung (*tathāgatagarbha*) jedem fühlenden Wesen inne. Erleuchtung ist die volle Entwicklung unseres Geistes. Dem historischen Buddha draußen entspricht der ›Buddha in uns‹, die Buddhanatur (*buddhatā*). Erleuchtung ist bereits Wirklichkeit, ob wir sie schon erfahren oder nicht.

Auch Tiere besitzen übrigens diese Buddhanatur; sie sind allerdings in den engen Grenzen ihrer natürlichen Zwänge gefangen. Nur als Menschen haben wir die kostbare Möglichkeit, diesem Ziel näher zu kommen. Im → Diamantweg bedeutet dies: Lebe wie ein Buddha, bis du einer bist!

19 Frage

Wie wird man **Buddhist**?

Hier im Westen wird man in der Regel nicht als Buddhist geboren. Vielleicht hört oder liest man zunächst einmal etwas über den Buddhismus, was einen anspricht. Vielleicht hat man auch ein Erlebnis von Wiedererkennen: ›Das habe ich schon immer gedacht.‹ Oder man trifft Buddhisten und sieht, dass es ehrliche und lebensfrohe Menschen sind, die an sich arbeiten. (Denn Erleuchtung ist weder falsch, noch verknöchert!) Vielleicht geht man dann einmal mit zu einer der vielen verschiedenen Gruppen und schaut sich an, was da geschieht. Wenn einem das zusagt, macht man mit. So einfach ist das.

Buddhismus ist eine Erfahrungsreligion, es geht nicht um Glaubenssätze, sondern darum, was man tut. Jeder kann selbst Buddha werden, denn Erleuchtung ist schon ein Teil von uns selbst.

Traditionell wird man durch das Sprechen der → Zufluchtsformel Buddhist: *Ich nehme Zuflucht zum Buddha, zum* → dharma *(zur Lehre), zum* → Sangha *(zur Gemeinschaft).* So hat bereits Buddha Menschen zu seinen Schülern gemacht. Im → Diamantweg nimmt man zusätzlich noch Zuflucht zum spirituellen → Lehrer, dem Lama. Er vereinigt Segen, Mittel und Schutz auf dem Weg und ist notwendig für unsere schnelle Entwicklung.

20 Frage

Wie sah Buddhismus in **China** aus?

Vor der Herrschaft der Kommunisten und der berüchtigten Kulturrevolution, die unzählige Leben kostete und Kulturdenkmäler in davor unbekanntem Ausmaß vernichtete, war das religiöse Leben

Chinas geprägt durch drei große geistige Strömungen, die mehr oder weniger friedlich nebeneinander existierten und in vielen Fällen miteinander verschmolzen – Taoismus, Konfuzianismus und Buddhismus.

Nach den Lehren des Taoismus, wie sie auf Laotse und das Tao-te ching (*Daodejing*) zurückgehen, bilden Mensch und Umwelt eine Einheit aus den beiden Urkräften *yin* (männlich) und *yang* (weiblich); Aufgabe des Mensches liegt im Finden des ›Weges‹ (Tao), d. h. im Leben im Einklang mit dem Universum. Wichtigstes Mittel dazu war das Prinzip des *wu-wei*, des Nicht-Tuns, d. h. Nicht-Eingreifens in den kosmischen Plan.

Der Konfuzianismus wiederum vertrat einen sittlichen Anspruch unter Betonung des Ganzen (Familie, Staat) über den Einzelnen. Vor allem die Verehrung der Ahnen wurde gefördert.

Der Buddhismus traf also ein besonderes Umfeld vor, als er im 1. Jh. aus Indien über die Seidenstraße nach China gelangte. Der Taoismus erwies sich dabei als besonders hilfreich, ließ sich aus buddhistischer Sicht der ›Weg‹ (Tao) mit der Lehre des Buddha (→ *dharma*) gleichsetzen, *wu-wei* wurde der Idee von der → Leerheit aller Dinge angenähert. Andererseits regte das buddhistische Mönchstum und der feste Kanon heiliger Schriften den Taoismus zur Entwicklung vergleichbarer Einrichtungen an. Schwieriger nahm sich das Verhältnis mit dem Konfuzianismus aus. Der auf Absonderung von der Welt angelegte Weg des buddhistischen Mönches widersprach zu häufig dem konfuzianischen Gedanken der Verantwortung des Einzelnen gegenüber Familie und Staat. Darum waren es im Laufe der Geschichte vor allem konfuzianische Staatsmänner, die den Einfluss des Buddhismus zurückdrängen wollten – letztlich ohne Erfolg.

Zunächst trat der Buddhismus in China im alten, indischen Gewand auf, wie besonders anhand der frühen Übersetzungen zu sehen ist. Es ist vor allem dem Fleiß der Chinesen zu verdanken, wenn uns die Heiligen Schriften alter indischer Schulen teilweise bewahrt blieben. So finden sich chinesische Übersetzungen von Texten jener zwei Gruppen, die sich beim 2. oder 3. → Konzil im 4./3. Jh. v. u. Z.

trennten: Zu nennen wären hier vor allem die Ordensschriften (*vinaya*) der *Mahāsaṃghikas*, der ›Mehrheits-Schule‹; auf der anderen Seite sind da die Schriften der *Mahīśāsikas* und *Dharmaguptakas*; beides sind Abspaltungen des *Sthaviravāda*, der sich in Vaiśāli von der Mehrheitsgemeinde trennte und Vorläufer des südlichen Buddhismus, → Theravāda, ist.

Im Laufe der Zeit setzten sich die → Schulen des → Mahāyāna in China durch: Die → Leerheits-Schule, *Madhyamaka* (chin. *San-lun*), die auf den indischen Philosophen und Dichter → Nāgārjuna zurückgeht, brachte mit Kumārajīva (4. Jh.) den bedeutendsten Übersetzer indischer Werke ins Chinesische hervor. Maßgeblich beeinflusst von dieser Schule ist auch die zweite große chinesische → Schule, *T'ien-t'ai* (6. Jh., jap. *Tendai*). Neben dem ›Blumenkranz-Sūtra‹ gilt dieser Schule vor allem die → Lotus-Sūtra in Kumārajīvas Übertragung als Haupttext. Auch die philosophische Schule, der zufolge alles → Geist ist (*Yogācāra*) war in China gut vertreten. Und in den mystischen Schulen *Hua-yen* (jap. *Kegon*) und *Chen-yen* (jap. *Shingon*) fanden beide philosophischen Richtungen eine tiefe Zusammenschau, die dem → Diamantweg → Tibets verwandt ist. Mit der *Ch'an*-Schule, dem Vorläufer des japanischen → *Zen*, erreichte die buddhistische Meditationslehre in China einen Höhepunkt. Die Verehrung des Buddha des westlichen → Reinen Landes Amitābha (chin. *Amituofo*, jap. *Amida*) durch Anrufung seines Namens (→ Amida-Buddhismus) stand dagegen im Mittelpunkt der *Ching-t'u*-Schule (jap. *Jôdo*).

21 Frage

Was haben Buddhisten und **Christen** sich zu sagen?

Die ersten Begegnungen von Christen mit dem Buddhismus waren geprägt von Unverständnis, Sendungsdrang und völlig unberechtigtem Hochmut. (Immerhin mussten die europäischen Händler, die im 16. Jh. Japan erreichten, der hochentwickelten Kultur wie unzivilisierte Barbaren erscheinen.) Auch die ersten westlichen Berichte über den Buddhismus → Tibets stellten sich als grobe Verzerrungen dessen tiefgründiger Lehren dar. Auf der anderen Seite fanden philosophische Buddhisten die christliche Lehre von einem leidenden Gott-Mensch nicht gerade eine ebenbürtige Gesprächsgrundlage.

Heute gibt es schon andere Chancen. Voraussetzung für einen geistigen Austausch ist allerdings, dass die Christen ihren Sendungsdrang und ihren absoluten Heilsanspruch (zwei völlig unbuddhistische Gedanken) aufgeben. Aufgeklärte Christen und Buddhisten der heutigen Zeit können dann gemeinsam viel zum Frieden zwischen den Religionen beitragen. Diesem Ziel dienen auch die Gespräche des → Dalai Lama mit Papst Johannes Paul II. Nach buddhistischer Sicht ist richtig verstandene christliche Nächstenliebe ein wichtiger Beitrag zur Verringerung des → Leidens; im sozialen Einsatz können Buddhisten von Christen lernen. Christen wiederum können von Buddhisten vor allem → Meditation, innere Spiritualität und → Weisheit lernen: Denn Nächstenliebe ohne Weisheit führt zu nichts.

Lit.: Michael von Brück, Whalen Lai: *Buddhismus und Christentum*, München: Beck 1997. ²2000.
Thich Nhat Hanh: *Buddha und Christus heute*, München: Goldmann 1999.

---

22 Frage

Ist der **Dalai Lama** der Papst Tibets?

Nein. Es gibt allerdings dem ersten Anschein nach auffällige Gemeinsamkeiten zwischen ihm und dem römischen Papst der Katholiken, denn beide sind die höchsten geistlichen Würdenträger bestimmter Konfessionen bzw. → Schulen. Damit hören die Gemeinsamkeiten jedoch schon auf. Der Papst ist als Mensch ›Stellvertreter Christi‹ auf Erden; der Dalai Lama ist als Mensch ein einfacher Mönch und Politiker, als geistlicher Lehrer ist er ein → Bodhisattva, ein hochverwirklichtes Wesen, das aus Mitleid mit den unerleuchteten Wesen in der Werdewelt (*saṃsāra*) verbleibt: Er inkarniert sich nach seinem Tode jeweils erneut als Mensch. Der gegenwärtige Dalai Lama ist die 14. Wiedergeburt in dieser Reihe. Wie bei anderen Wiedergeburten solcher hoher ›Tulkus‹ wird die neue Inkarnation eines verstorbenen Dalai Lamas jeweils in einer spirituellen Suche anhand von Hinweisen und Proben bestimmt. Wie → Padmasambhava und der → Karmapa ist der Dalai Lama als Bodhisattva eine Ausstrahlung des Erleuchtungsaspektes des Mitgefühls, → Avalokiteśvara. Der Name ›Dalai Lama‹ ist übrigens ein mongolischer Ehrentitel, der auf den Fürsten Altan Khan (16. Jh.) zurückgeht und ›Lehrer Ozean der Weisheit‹ bedeutet.

Es wird oft gesagt, der Dalai Lama sei das geistliche Oberhaupt aller Tibeter; das stimmt so nicht: Er ist lediglich das Haupt einer von vier Schulen, nämlich der Gelugpa-Schule, der ›Schule der Tugendhaften‹ (s. → Tibet). Genauso ist z. B. der → Karmapa das Haupt der (Karma) Kagyüs. Die Gelugpas und die Dalai Lamas regierten Tibet 300 Jahre lang bis zur chinesischen Besetzung 1949/50.

Der jetzige 14. Dalai Lama, Tenzin Gyatso (*1935), hat nach seiner Flucht aus Tibet 1959 im Westen besonders durch seine Bemühungen um den Weltfrieden und seine Lehren der Liebe und religiösen → Toleranz große Anerkennung gefunden; u. a. erhielt er 1989 den Friedensnobelpreis. Gerade wegen seiner ökumenischen Haltung hat er sich aber auch den Zorn der Erzkonservativen unter den Gelugpas zugezogen, was sich im Streit um das Verbot des Kultes von Dorje Shugden, einer Schützergottheit, die für reine Gelugpa-Lehren steht, niederschlägt. Seine Verdienste als Lehrer und Bodhisattva sind ausgesprochen bewundernswert. Um so bedauerlicher ist, dass er als Politiker nicht immer die Unabhängigkeit der anderen Schule respektiert hat; so mischte er sich z. B. nach dem Tod des 16. Karmapas gegen die Autorität des einzig verbleibenden Linienhalters (Hüter der Tradition) der Karma Kagyüs, des Shamar Rinpoches, in die Anerkennung der neuen 17. Inkarnation des Karmapas ein.

Lit.: Roland Barraux: *Die Geschichte der Dalai-Lamas*, Solothurn 1995. Frechen: Komet 2000.

23 Frage

Ist die Welt wirklich oder was sind **Daseinsfaktoren**?

Nach buddhistischer Lehre ist die Welt, wie wir sie wahrnehmen, eine → Illusion, sie gleicht einem Traum. Das betrifft besonders die Lebewesen. Nach der → Nicht-Ich-Lehre gibt es kein Selbst, keine → Seele; nur Personen, wie wir sie wahrnehmen (›empirische Personen‹), die letztlich keine Eigennatur besitzen. Das kann man sich am einfachsten verdeutlichen, wenn man über die Veränderungen im eigenen Leben nachdenkt. Wie fremd erscheinen uns nicht manche Gedanken und Gefühle vergangener Tage, wie grundlegend haben sich unsere Bedürfnisse, Träume und Verhaltensweisen geändert und werden sich noch ändern! Wir glauben, eine feste Einheit darzustellen, die wir ›Ich‹ nennen. Und doch verändern sich unsere Gedanken und Stimmungen täglich, ja stündlich und minütlich. In Wirklichkeit ist da kein ›Ich‹, sondern nur ein Strom von Bewusstseinszuständen, die durch das Gesetz von Ursache und Wirkung bedingt werden. Nach den Lehren des südlichen Buddhismus (→ Theravāda) kann man diese Bewusstseinszustände bis zu letzten, unteilbaren Einzelbedingungen, so genannte Daseinsfaktoren (*dharmas* Pāli *dhammas*), aufgliedern. *Dhammas* machen die Welt, wie wir sie erleben, aus. Die philosophischen Texte des → Pāli-Kanons (*Abhidhamma*) untersuchen über 100 verschiedene Daseinsfaktoren. Als einziges nicht-bedingtes *dhamma* gilt hier das → Nirvana. Nach den Lehren des nördlichen Buddhismus führt die Beschäftigung mit den Daseinsfaktoren leicht in eine geistige Sackgasse, warum vermehrt Nachdruck auf die Belehrungen über das Erkennen der → Leerheit aller Dinge gelegt wird.

24 Frage

Gibt es Buddhisten auch in **Deutschland**?

Mehr als Sie vielleicht denken!

Ein gezielter Blick mit dieser Fragestellung in die eigene Stadt oder ins Internet unter *http://www.buddhismus.de* zeugt von der Vielfalt buddhistischen Lebens in Deutschland.

Die meisten buddhistischen Gruppierungen in Deutschland, mehr als 100 Vereine und Einzelpersonen, gehören zur DBU, ›Deutsche Buddhistische Union‹, die 1958 gegründet wurde (Website: *http://www.dharma.de*, Zeitschrift ›Lotusblätter‹).

Buddhismus wurde in Deutschland zunächst vor allem in seiner südlichen Strömung, dem → Theravāda bekannt, u. a. durch Paul Dahlke in den 1910er und 1920er Jahren, der die deutsche »neubuddhistische Bewegung« und das »Buddhahaus Berlin« gründete. Den traditionellen Theravāda-Buddhismus in Deutschland hat ein buddhistischer Mönch deutscher Abstammung besonders nachhaltig geprägt: Nyanatiloka (Anton W. F. Gueth, 1878-1957). Er trat vor allem mit Übersetzungen aus dem → Pali-Kanon hervor.

Andere Formen des Buddhismus kamen erst relativ spät in Deutschland an. Das gilt gerade für ostasiatische → Mahāyāna-Schulen. Der → Zen-Buddhismus z. B. ist vor allem in christianisierter Form durch den Jesuitenpater Hugo Enomiya Lassalle in Deutschland seit den 1960er Jahren bekannt geworden; besonders großen Einfluss gewannen im Westen auch die Belehrungen des vietnamesischen Zenmönchs Thich Nhat Hanh.

Der Tibetische Buddhismus wurde dagegen durch Lama Anagarika Govinda (= E. L. Hoffmann, 1898-1985) bereits in den 1950er Jahren bekannt: Govinda, ursprünglich Theravāda-Mönch, wurde später bevollmächtigter → Lehrer des → Diamantwegs → Tibets. Er gründete 1952 in Deutschland den westlichen Zweig seines weltweiten ›Arya Maitreya Mandala-Ordens‹ (AMM, Zeitschrift: ›Der Kreis‹).

Die größte Gruppe unter den Buddhisten in Deutschland stellt der BDD, ›Buddhistischer Dachverband Diamantweg e.V.‹, dar (früher KKD, ›Karma-Kagyü-Dachverband e.V.‹). Er gehört zur tibetischen Karma Kagyü-Schule. Der wichtigste Lehrer ist hier der dänische Lama Ole Nydahl, der zu Beginn der 1970er Jahre diese Form des Buddhismus im Auftrag des 16. → Karmapas, Rangchung Rigpe Dorje, in den Westen brachte (Website *http://www.diamantweg.de,* Zeitschrift ›Buddhismus heute‹).

Lit.: Lama Ole Nydahl: *Über alle Grenzen. Wie die Buddhas in den Westen kamen*, Sulzberg: Joy 1994.
Volker Zotz: *Auf den glückseligen Inseln. Buddhismus in der deutschen Kultur*, Berlin: Theseus 2000.

25 Frage

Was lehrte Buddha? – oder: Was ist der **Dharma**?

Dharma hat ursprünglich viele Bedeutungen: ›Ding, Gesetz, Wahrheit‹. Konkret bezeichnet es die Lehre des → Buddha, dessen Grundlage u. a. die → Vier Edlen Wahrheiten vom Leiden und dessen Überwindung darstellen. Traditionell spricht man von 84.000 Belehrungen. Diese werden in den verschiedenen → Schulen in Schriftsammlungen bewahrt. Im südlichen Buddhismus, → Theravāda, ist dies z. B. der → Pālikanon, in → Tibet der Kanjur, der zusammen mit seinen Kommentaren 108 dicke Bände füllt. Nach den Wünschen und Möglichkeiten der verschiedenen Menschen betonen die Schulen Buddhas Lehren zu Ursache und Wirkung (→ Karma, Theravāda), → Leerheit und → Mitgefühl (→ Mahāyāna) und Erleuchtung als Anlage (→ Buddhanatur), Ziel und Wirklichkeit, höchste zeitlose Freude (→ Diamantweg).

26 Frage
Was ist der **Diamantweg**?

Der Diamantweg oder Vajrayāna (›diamantenes Fahrzeug‹) ist die 3. große Strömung des Buddhismus; er wird auch → ›*Tantra*-‹ oder → ›*Mantra*-Fahrzeug(-*yāna*)‹ genannt. Da der → Lehrer (Lama) im Diamantweg als Begleitung und Schutz auf dem Weg zur Erleuchtung eine große Rolle spielt, sprach man auch irreführend von ›Lamaismus‹. Diese mystische Form des Buddhismus lebte nach der Zerstörung der großen buddhistischen Zentren in Indien durch den Islam vor allem in Tibet weiter, wurde mongolische Staatsreligion und war lange Zeit die vorherrschende Richtung am chinesischen Kaiserhof. Tantrische Formen des Buddhismus gibt es auch noch in → Japan (*Kegon* und *Shingon*). Nach der Besatzung Tibets durch China (1949/50) und der Flucht hoher → Lamas wie des → Dalai Lamas und des → Karmapas ins Exil (1959) gewinnt diese Form des Buddhismus stets mehr Anhänger im Westen.

Besonders wichtig ist im Diamantweg die Lehre von der → Buddhanatur, also der Anlage der Erleuchtung in jedem Wesen. In der Meditation wird diese Erleuchtung zur Erfahrung, der Übende verschmilzt mit → Buddhaformen, d. h. Aspekten von Erleuchtung. Für den Alltag bedeutet Diamantweg: Leben, als wäre man ein Buddha, bis man einer ist.

Lit.: Lama Ole Nydahl: *Wie die Dinge sind. Eine zeitgemäße Einführung in die Lehre Buddhas*, Sulzberg: Joy 1994.

27 Frage

Wozu brauchen wir **Erleuchtung**?

In einem Gleichnis aus dem Lotus-Sūtra wird von Kindern erzählt, die in einem brennenden Haus spielen; sie merken nichts von der Gefahr und sie hören nicht auf ihren Vater, der sie herausruft. Da wendet dieser ein geschicktes Mittel an, um die Kinder zu retten: Er verspricht ihnen das, was sie sich am meisten wünschen, wenn sie nur aus dem Haus kommen.

Wir sind wie diese Kinder. Wir richten uns ein mit unserem westlichen Luxus, unseren kleinen und großen Erfolgen und all den anderen Spielzeugen, und wollen nicht sehen, dass all dies kein dauerhaftes Glück bringt und das wir unsere Zeit mit nutzlosen Dingen vertun. Der Buddha ist der besorgte Vater. Er hat Erleuchtung erlebt, er weiß, was wirklich zählt. Er wendet jedes mögliche geschickte Mittel (*upāya*) an, um uns auf den rechten Weg zu bringen.

Dieses Gleichnis (Lotus-Sūtra, Kap. 3) verdeutlicht, warum wir so dringend Erleuchtung brauchen. Solange wir in der Welt der → Anhaftung, des schönen Scheins, der → Illusion und des → Leidens – im → *saṃsāra* – gefangen sind, können wir kein dauerhaftes Glück erleben. Gleichzeitig zeigt das Gleichnis auch, dass Buddha keine letzten Antworten geben will, sondern seine Lehre als geeignetes Mittel aus dem Leiden begreift, ein → Floß über den Strom des Leidens. Und da Menschen so verschieden sind, gibt es so viele verschiedene buddhistische → Schulen, die verschiedene Wege lehren. Das Ziel ist allen gemein: Befreiung aus dem Leiden, Erleuchtung; wir können nur wenig für andere tun, solange wir selbst noch verwirrt sind und leiden.

Was genau ist nun diese Erleuchtung, die Buddha Śākyamuni vor 2.500 Jahren unter einem Feigenbaum am Nairañjanā-Fluss erlangte? Stellen Sie sich alles erdenkliche Schöne und Gute vor, wie die Kinder im Gleichnis: totales Bewusstsein, zeitlose, höchste Freude – das Erleuchtungserlebnis selbst entzieht sich letztlich jeder Beschreibung; wohl aber kann man beschreiben, was Erleuchtung bewirkt: das Durchbrechen der Illusion, das Vernichten von → Karma, das Ende des Leidens. Nach den Lehren des nördlichen Buddhismus ist Erleuchtung ein Teil eines jeden von uns. Wir alle besitzen die → Buddhanatur. Besonders im → Diamantweg wird betont, dass Erleuchtung der natürliche, nicht verwirrte Zustand unseres eigenen Geistes ist.

Übrigens war nach den meisten Texten die Erleuchtung für den Buddha kein spontanes Geschehen. Nicht nur sechs Jahre der Suche gingen diesem Ereignis voraus, auch hat sich der Vorgang eine lange Vollmondnacht hindurchgezogen; in tiefer Meditation ist der Buddha dabei Schritt für Schritt dem Erleuchtungszustand näher gekommen. So lehrte er später dann auch vier Stadien der → Meditation (*dhyāna*), die Stufen der Versenkung. So unplanbar der Moment der Erleuchtung auch sein mag, der Weg dahin ist erlernbar!

28 Frage

Ist Buddha ein **Erlöser**?

Nein; nicht in dem Sinne, wie beispielsweise der Jesus der Christen oder der künftige Messias der Juden Erlösergestalten sind.

Nach christlicher Lehre hat Jesus durch seinen grausamen Tod am Kreuz ›die Welt mit Gott versöhnt‹, d. h. die urzeitliche Aufsässigkeit des Menschen (der ›Sündenfall‹: Adam und Eva essen vom Baum der Erkenntnis) gegenüber seinem Schöpfer gutgemacht. So soll er die Welt erlöst haben. Zugleich hat er behauptet, dass er der ›Sohn Gottes‹ und der einzige Weg zum → Himmel sei. Der Glaube an den Erlöser, den ›Christus‹, verspricht den Christen Heil.

Seltsam genug wird auch Buddha oft genug als eine Erlösergestalt beschrieben. Buddhisten glauben aber nicht an → Buddha. Sie glauben auch nicht an einen → Gott, dessen Prophet Buddha gewesen wäre. In buddhistischen Schriften ist von ›Vertrauen‹ (*śraddhā*) die Rede – Vertrauen darin, dass → Erleuchtung wirklich und möglich ist. Buddha hat uns nicht ›erlöst‹, denn Erleuchtung muss jeder selbst suchen und verwirklichen: Jeder ist für seine Handlungen selbst verantwortlich, kein strafender oder erlösender Gott nimmt diese völlige Freiheit fort. Bei Buddha gibt es keinen Hochmut mit Sendungsdrang, Feuer und Schwert, keine Unterdrückung von Frauen oder Andersdenkenden im Namen eines Gottes. Buddha ist vielmehr selbst ›erlöst‹, durch Erleuchtung frei vom → Leiden. Und er hat den Weg dahin gewiesen; nur insofern ist er ein ›Erlöser‹, nämlich dass wir frei sind, ihm und der Erleuchtung zu vertrauen.

29 Frage

Was sind die Grundlagen buddhistischer **Ethik**?

Im Buddhismus gibt es keine absoluten Gebote oder Verbote, wie im Judentum, Christentum und Islam. Auch die Vorstellung von Sünde ist dem Buddhismus fremd. Jeder ist für sein Handeln selbst verantwortlich nach dem Gesetz von Ursache und Wirkung, → Karma: Alles was wir denken, sagen und tun hat Folgen, negative, neutrale oder positive. Die Folgen haben ihrereseits Auswirkungen usw. Das heißt dann aber auch, dass jeder frei ist, zu entscheiden, was in einer Situation das Beste ist. Als Buddhist leben meint: heiter und gelassen lernen, ausprobieren, Fehler machen, aufstehen und weitergehen und vor allem das Ziel nicht aus dem Auge verlieren – denn alles Denken, Reden und Tun richtet sich auf → Erleuchtung.

Nun kennt z. B. der Theravāda (südliche Buddhismus) fünf Sittlichkeitsregeln (*śīla*), die den Menschen eine Richtschnur zum Handeln geben. ›Nicht töten‹ bzw. ›Nicht verletzen‹ (*ahiṃsā*) ist dabei das Wichtigste. Das gilt übrigens auch gegenüber Tieren. Viele

Buddhisten sind darum → Vegetarier: Denn alle Wesen streben nach Glück und wollen frei sein von → Leiden. Diesem Grundsatz dienen auch ›Nicht stehlen‹, ›Nicht sexuell verletzen‹, ›Nicht lügen‹ und ›Keine Drogen/Alkohol‹. Für → Mönche gelten zusätzliche Verhaltensregeln, traditionell über 200!

Im nördlichen Buddhismus (→ Mahāyāna) zeigen sich Fortschritte auf dem Weg zur Erleuchtung vor allem im Wachstum von → Weisheit und → Mitgefühl. Verwirklichung als Mensch sieht man hier in den sechs ›Vollkommenheiten‹ (*pāramitā*) eines Erleuchtungsstrebenden (→ Bodhisattva), die die Sittenregeln des Theravāda einbetten: Freigiebigkeit (*dāna*), Ethik (*śila*), Geduld (*kṣānti*), Tatkraft (*vīrya*), → Meditation (*dhyāna*) und Weisheit (*prajñā*).

Lit.: Peter Harvey: *An introduction to Buddhist Ethics*, Cambridge: CUP 2000.

30 Frage

Welche **Feste** feiern Buddhisten?

Es war der Wille des Buddha, dass seine Mönche sich von weltlichen Festen fern hielten. Aus den Lebensgewohnheiten der Mönchsgemeinde ergaben sich aber besondere Feierlichkeiten, vor allem die zweimonatliche → Beichtfeier, bei der anhand von über 200 Regeln die Reinheit der Gemeinschaft festgestellt wurde. Ein anderes Fest fand gegen Ende der Regenzeit statt, die *pravāraṇā*: Da die Mönche ursprünglich herumwanderten und nur während des Monsums in einem festen Kloster verblieben, wurde der erneute Auszug mit feierlichen Prozessionen begangen, wobei die → Laien Gelegenheit bekamen, Schenkungen zu machen und so gute Verdienste zu erwerben. Kurz nach Buddhas Verscheiden wurden die Vollmondtage zu besonderen Gedenktagen. Vor allem der erste Vollmondtag im Frühling wurde als Tag von Buddha Śākyamunis

Geburt, Auszug, Erleuchtung und Verlöschen gefeiert. Im südlichen Buddhismus ist dieses Fest, *Vesākh*, der höchste buddhistische Feiertag, der mit Lehrdarlegungen, Besinnung, Prozessionen und Rezitationen begangen wird. Auch die → Schulen des nördlichen Buddhismus, Mahāyāna und → Diamantweg, kennen Festtage zur Erinnerung an Buddhas Leben. Im → Zen wird auch der großen Meister dieser Schule, Bodhidharma und Dôgen, mit einer Feier gedacht. Im Tibetischen Buddhismus ist beinahe jeder Mond-Tag einem Aspekt von → Erleuchtung geweiht. So ist der Vollmond (der 15. Tag des Mondkalenders) dem Buddha des westlichen → Reinen Landes *Amitābha* heilig, der 8. Tag ist der Tag des Medizin-Buddha, der 10. der → Padmasambhavas usw. Als bedeutendstes Fest gilt das tibetische Neujahrsfest (*lo gsar*, ›Losar‹, meistens Ende Februar), das sich traditionell über mehrere Tage erstreckt und von öffentlichen feierlichen Meditationen (*pūjā*), Mönchstänzen und Festschmaus begleitet ist. Die Gelugpa-Schule des → Dalai Lama feiert traditionell zu dieser Zeit in ihrem höchsten Heiligtum, dem *Jokhang*-Tempel in Lhasa, das dreiwöchige ›Große Wunschgebet Fest‹ (Mönlam) für die Ankunft des → Zukunfts-Buddha Maitreya.

31 Frage

Warum sprach der Buddha von seiner Lehre häufig als **Floß**?

Buddha wollte keine absoluten Wahrheiten verkünden; er lehrte einen praktischen Pfad aus dem Leiden. Darum verglich er seine Lehre häufig mit einem Floß: ein Mittel, um über den Strom der → Wiedergeburten und des → Leidens zu gelangen. Einmal am anderen Ufer angelangt, wäre es sinnlos, das Floß weiter mit sich herumzutragen. Man lässt es zurück. In der Mittleren Sammlung des → Pāli-Kanons beendet der Buddha sein Gleichnis so: *Wenn ihr das Gleichnis vom Floß recht begreift, müsst ihr auf die Dauer selbst die guten Lehren aufgeben, aber zuerst natürlich die falschen.* Vom Standpunkt der Erleuchtung aus gesehen ist also selbst Buddhas Lehre nicht endgültig, sondern nur ein taugliches Mittel, das zur letzten Wahrheit führt. Dieser Gedanke macht den Buddhismus einmalig unter allen Religionen.

32 Frage

Sind **Frauen** unerleuchteter als Männer?

Nein, keinesfalls.

Buddha machte das ganz deutlich: Frauen tragen dieselben Möglichkeiten zur → Erleuchtung in sich wie Männer.

Aber auch wenn der Buddhismus sich nie an einer systematischen Frauenunterdrückung beteiligt hat, so herrschte in vielen buddhistischen Kulturen ebenfalls ein typisch männliches Überlegenheitsgefühl. Der historische Buddha als Mann seiner Zeit erlaubte darum erst nach Vermittlung durch den treuen → Ānanda die Errichtung eines Nonnenordens. Zudem mussten Frauen sich an mehr Regeln halten (290, 311 oder selbst 355) als Mönche (220 oder 227). Im traditionellen südlichen Buddhismus, → Theravāda, wo der Frauenorden im 5. Jh. ausstarb, gilt noch immer, dass eine Frau erst als Mann/Mönch wiedergeboren werden muss, bevor sie Erleuchtung erlangen kann. Diese Auffassung, die Buddhas Aussagen und Absichten entgegensteht, wird vom nördlichen Buddhismus (→ Mahāyāna), in dem noch eine ununterbroche Tradition des Nonnenordens besteht, ebenso abgelehnt wie von den südlichen Reformbewegungen. Seit dem 6. → Konzil 1956-9 in Rangun/Birma entstehen auch wieder im Theravāda Nonnengemeinschaften.

Das Weibliche als Sinnbild von Weisheit und Freude spielt übrigens im nördlichen Buddhismus besonders im → Diamantweg → Tibets eine wichtige Rolle. Weibliche → Buddhaformen, wie die Befreierin → Tārā, sind sehr populär. Die Einschmelzung der Gegensätze ›männlich-weiblich‹ wird bei Buddhaformen durch sexuelle Vereinigung versinnbildlicht. Bei bestimmten Meditationen bilden Ḍākinī's (›Himmelswandlerinnen‹), weibliche Lichtwesen, die Meditationsform; der ursprünglich zumeist männliche, enthaltsam lebende Mönch nutzte so seine unbewusste sexuelle Energien für die Meditation.

Lit.: June Campbell: *Göttinnen, Dakinis und ganz normale Frauen – Weibliche Indentität im Tibetischen Tantra*, Berlin: Theseus 1997.
André Golob: *Buddha und die Frauen*, Münster: Oros 1998.

33 Frage

Warum nimmt der Buddhismus die menschliche **Freiheit** so ernst?

Freiheit ist die Grundlage der → Erleuchtung. Solange wir blind dem Leiden ausgeliefert sind, handeln wir unfrei. Buddhas Lehre macht frei, mit unschönen Erlebnissen und → Störgefühlen gelassen und findungsreich umzugehen.

Freiheit meint aber noch viel mehr. Im Buddhismus geht man davon aus, dass jeder seine eigene Zukunft gestaltet. Das ist das Gesetz von Ursache und Wirkung (→ Karma): Frühere Taten, Worte und Gedanken formten unsere heutige Welt, wir säen nun die Samen für unsere Zukunft. Karma ist das Gegenteil von ›Schicksal‹ oder ›Wille Gottes‹. Karma bedeutet, dass der Mensch selbst völlig verantwortlich ist für seine Handlungen, kein → Gott oder → Erlöser greift ein. Dies ist Freiheit. Dabei spielt weniger eine Rolle, was früher war – die Vergangenheit ist vorbei –, noch sollte man zu besorgt sein, was morgen kommt – die Zukunft ist noch nicht da. Verantwortlich und frei im Hier und Jetzt leben, heißt auf Erleuchtung vertrauen und kein neues → Leiden verursachen.

34 Frage

Was ist **Geist**?

Alles.

So lehrt zumindest eine der zwei Hauptrichtungen in der Philosophie des nördlichen Buddhismus (→ Mahāyāna). Die Rede ist von der ›Nur-Geist‹-Philosophie (*cittamātra*, auch ›Bewusstseinsweg‹ *vijñānavāda* oder *Yogācāra* genannt). Sie trifft sich in vielen Punkten mit der modernen → Quantenphysik. Lehrten Weisheitsschule (→ *Prajñāpāramitā*) und Madhyamaka die → Leerheit aller Dinge, wurden in *Yogācāra* alle Erscheinungen zum Ausdruck des absoluten Geistes (*citta*):

Es gibt die empirische Welt nicht. Die Vielzahl der Erscheinungen entspringt aus dem Geist. (Lankāvatāra-Sūtra 2, 125)

›Geist‹ meint also die wahre Natur der Dinge, nicht die Vielfalt ihrer Erscheinungen. ›Geist‹ ist, was die Welt und die wahrnehmbaren Personen hervorbringt, ›Geist‹ ist der Bildschirm, auf der sich die Dinge zeigen. Durch Verblendung, Verwirrtheit nehmen wir das Geschehen auf der Leinwand wahr und erkennen nicht das Wesen der Bilder, deren Teil wir ausmachen: Die Welt und alles in ihr gleicht einer Illusion, sie ist nur ein Spiel, für uns Teilnehmer allerdings nur allzu wirklich und leidvoll. → Erleuchtung meint demnach Rückkehr zum ursprünglichen Zustand des Geistes. Die Vorgänge im Geist entstehen nach dem Gesetz von Ursache und Wirkung (→ Karma): Bewusstseinseindrücke, Ideen sinken in ein absolutes ›Grundbewusstsein‹. Dieses Speicherbewusstsein (*ālayavijñāna*, auch *mūlavijñāna*) hat viel gemein mit dem, was C. G. Jung das kollektive Unbewusste genannt hat. Aus den hier versammelten Eindrücken verdichtet sich immer wieder ein Einzelbewusstsein, ein Ich-Bewusstsein (*manas*, *manovijñāna*). So erklären sich → Wiedergeburt und Werdewelt (→ *saṃsāra*). Erkenntnis des absoluten Geistes ist gleich mit Befreiung. In den Worten des → Zen-Meisters Sôsan (Seng ts'an): *Wenn unser Bewusstsein zur Ruhe kommt, verschwindet es von selbst.*

Die bedeutendsten Denker des *Yogācāra* waren Maitreyanātha, Asanga und Vasubandhu (4. Jh.); ihre Werke waren von überwältigendem Einfluss auf den Buddhismus → Chinas und → Tibets.

Besonders die Lehren der ›Großen Vollendung‹ (Dzogchen) der ›alten Schule‹ (Nyingmapa) und das ›Große Siegel‹ (*Mahāmudrā*) der ›mündlichen Schule‹ (Kagyüpa) verbanden Leerheit und Geist in einer unübertroffenen Zusammenschau.

Lit.: *Lankavatara-Sutra. Die makellose Wahrheit erschauen.* Aus dem Sanskrit *von* Karl-Heinz Golzio. Bern: Scherz 1995.
Lama Ole Nydahl: *Das große Siegel*, Sulzberg: Joy Verlag 1998.

35 Frage

Glauben Buddhisten an einen **Gott** oder an Götter?

Hier berühren wir einen entscheidenden Unterschied zwischen Judentum, Christentum und Islam einerseits und Buddhismus andererseits. Für die drei erstgenannten, ›monotheistischen‹ Religionen ist der Glaube an einen Gott ganz entscheidend. Dieser steht außerhalb des Menschen und richtet diesen nach dessen Glauben (und Tun). Man kann darum von diesen Religionen als von Glaubens- oder Vertragsreligionen sprechen: Gott schließt einen Vertrag mit seinen Gläubigen: ›Wenn ihr an mich glaubt (und tut, was ich sage), dann belohne/errette ich Euch‹. Der Buddhismus dagegen ist eine Erfahrungsreligion, eine Religion des Tuns. Durch das Gesetz von Ursache und Wirkung (→ Karma) ist der Mensch radikal frei, seine Zukunft zu gestalten, kein Wesen von außen richtet über ihn, er ›richtet‹ sich selbst durch seine Taten. Desweiteren gibt es im Buddhismus nicht die Grenze zwischen ›Ich‹ auf der einen Seite und ›Du‹ oder ›Gott‹ auf der anderen Seite. Buddhismus zielt jenseits dieser Grenzen, jenseits des Dualismus. Vom Standpunkt der höchsten Wahrheit gibt es ja kein Selbst (→ Nicht-Ich-Lehre), sondern nur

→ Leerheit, in der Sprache des → tibetischen Buddhismus: offene, klare Unbegrenztheit des Geistes (*Mahāmudra*). → Erleuchtung ist Einssein mit dieser Leerheit.

Nun hat der Buddha allerdings nie die mögliche Existenz von Göttern bestritten. Sie galten ihm höchstens für besonders mächtige, lang und glücklich lebende Wesen, die letztendlich auch wieder sterben und durch ihr Karma in neue, niedrigere Existenzen gezwungen würden. Das Leben dieser *devas* schien ihm also relativ sorgenfrei, aber endlich und wegen des Übermaßes an Glück nicht zur Erleuchtung führend (→ Himmel und Hölle). Traditionell spricht man im Buddhismus von sechs Existenzreichen, die sich psychologisch deuten lassen: Das Götterreich, d. h. die Welt des Genusses in der Verblendung; das Reich der Halbgötter (*asura*) oder die Welt der Macht- und Streitlustigen (dieses Reich fehlt in manchen Systemen); das Menschenreich oder die Welt des Stolzes; das Tierreich oder die Welt der Verwirrung; das Reich der Hungergeister (*pretas*) oder das Reich zwanghafter Gedanken; das Höllenreich oder die Welt tiefer Wahnzustände.

36 Frage

Warum rezitieren so viele Buddhisten das **Herz-Sūtra**?

Das Herz-Sūtra gehört zu der Gruppe von Schriften des nördlichen Buddhismus (→ Mahāyāna), die ›Höchste Weisheit‹ (→ *Prajñāpāramitā*) genannt werden. Diese kennzeichnet eine alle Logik übersteigende Sicht der → Leerheit aller Dinge. Das Herz-Sūtra nun formt das ›Herz‹, d. h. die Essenz dieser Schriften; wegen seiner mystischen Knappheit bietet es sich zum meditativen, lauten Vorlesen besonders an. Dadurch kann beim Meditierenden die Einsicht in die Leerheit aller Dinge bis in die unbewussten Schichten vordringen und das Erleben der Leerheit im Moment der → Erleuchtung vorbereiten. In → Tibet, → China und → Japan (vor allem im → Zen) ist das Herz-Sūtra darum der am häufigsten rezitierte und kommentierte Text. In seiner kürzeren Version lautet es:

Alle → Skandhas (Bildungskräfte der empirischen Person), nämlich Körper, Empfindung, Unterscheidungskraft, Gestaltungswille und Bewusstsein, sind ihrem wahrsten Wesen nach leer. In der höchsten Wirklichkeit ist der Körper Leerheit und Leerheit Körper, vom Körper nicht verschieden ist die Leerheit, von der Leerheit nicht verschieden ist der Körper, was Körper ist, ist Leerheit, was Leerheit ist, ist Körper. Ebenso verhält es sich mit Empfindung, Unterscheidungskraft, Gestaltungswille und Bewusstsein.

In der höchsten Wirklichkeit sind alle → Daseinsfaktoren durch Leerheit gekennzeichnet, unentstanden – unvergangen, rein – unrein, vollkommen – unvollkommen. Darum gibt es in der Leerheit weder Körper, noch Empfindung, Unterscheidungskraft, Gestaltungswille oder Bewusstsein, weder Auge, Ohr, Nase, Zunge, Tastorgan, Denkorgan, noch Form, Klang, Geruch, Tastobjekt, Denkobjekt, nichts Stoffliches, angefangen bei der Elementarebene bis zur feinstofflich-geistigen Ebene, weder Unwissenheit, noch Vernichtung der Unwissenheit, alle Glieder der Leidenskette bis einschließlich Altern und Sterben und ihre Vernichtungen existieren dort nicht, nicht der Pfad zum Auslöschen der Leidensentstehung, keine Weisheit, kein Erlangen oder Nicht-Erlangen.

Lit.: Geshe Kelsang Gyatso: *Herz der Weisheit*, Umkirch: Tharpa 1996.

37 Frage

Gibt es **Himmel** und Hölle im Buddhismus?

Buddhisten glauben nicht an einen Himmel als einen Ort, zu dem sie gelangen, wenn sie sterben. Ebenso wenig glauben sie an eine Hölle als Ort ewiger Verdammnis. Für Buddhisten ist das Leben ein Kreislauf von → Wiedergeburten. Dabei sät jeder die Samen für seine eigene Zukunft (→ Karma). Ziel der Existenz ist nicht das ewige Leben im Himmel oder Paradies, Ziel ist das Überwinden der Welt des Leidens und letzten Endes das Beenden der Wiedergeburten. Eine Art Zwischenstation auf dem Weg zur Erleuchtung gibt es im nördlichen Buddhismus in der Vorstellung von einem → Reinen Land, also einem geschützten Kraftfeld der → Erleuchtung außerhalb der Leidenswelt.

Dennoch gibt es in mythischer Sprache ›Himmel‹ und ›Höllen‹ als Bewusstseinsorte im Kreislauf der Wiedergeburten. ›Himmel‹ meint dann den Ort der Wiedergeburt als → ›Gott‹, wobei Götter als Wesen der Leidenswelt (→ *saṃsāra*) gedacht werden. Einer der beliebtesten dieser Himmel ist der Himmel ›Glücksruhe‹ (*Tuṣita*), von dem aus der historische Buddha in seine letzte Erdenwiedergeburt hinabgestiegen sein soll. Mit ›Höllen‹ sind wiederum Wiedergeburtszustände in tiefstem Wahn, Psychosen als Folge schrecklicher Handlungen gemeint; in den volksnahen Beschreibungen gilt die *Avici*-Hölle (Tib: *mnar med*, ›Narme‹) als die furchtbarste.

38 Frage

Ist die Welt eine **Illusion**?

Grundsätzlich: Ja.

Und doch ist sie leidhaft wirklich für uns, die wir dieser Vorstellungswelt leben: Wenn wir uns den Kopf an einem Holzbalken stoßen, werden wir diesen nicht so schnell als bloße Einbildung bezeichnen – dafür tut uns der Kopf zu weh.

Darum verwendet man im Buddhismus auch zwei verschiedene Begriffe von → Wirklichkeit. Die wahrnehmbare Wirklichkeit und die absolute. In der Welt, wie wir sie erfahren, gibt es Personen, Geburten, Tod und → Wiedergeburt. Es gibt → Leiden. Darum ist → Mitgefühl hier so wichtig. In der absoluten Wirklichkeit ist nur →

Leerheit, offener Raum. Oder vom Standpunkt der unzähligen Erscheinungsmöglichkeiten gesehen: → Geist.

Dass die Welt eine Illusion (*māyā*) ist, ist übrigens ein allgemein östlicher Gedanke, der sich in den mystischen Formen des Hinduismus ebenso wiederfindet wie im chinesischen Taoismus (besonders bei Lieh-tzu). Dichter aller buddhistischen Traditionen haben diese Weisheit besungen, beispielsweise so:

Als Wasserbläschen sieh die Welt,
als Luftspiegelung sieh sie an!
Wer so die Welt beschaut,
den sieht der Todeskönig nicht. (→ Pāli-Kanon, *Dhammapada* 170)

Gleichwie im Raum ein Echo klingt
frei aus dem Klang, der vor ihm schwingt,
Ganz so entsteht jedwedes Sein
im Zaubernebelwunderschein. (Nāgārjuna, *Acintyastava* 4)

Lit.: *Buddhistische Weisheiten.* Herausgegeben und übersetzt von Burkhard Scherer, Gütersloh: Kiefel 2001.

39 Frage

Wie kam der Buddhismus nach **Japan**?

Im 6. Jh. erreichte der Buddhismus aus → China und Korea Japan. Es fand eine Ahnen- und Naturreligion vor. Dem Buddhismus gelang es allmählich, sich neben dieser traditionellen Religion, dem Shintoismus, zu festigen; im heutigen Japan existieren beide friedlich und im gegenseitigen Austausch miteinander. Buddhismus wird dabei häufig als philosophische Ergänzung des shintoistischen Kultes angesehen.

Bis ins 9. Jh. entwickelten sich sechs, ›klassisch‹ genannte Schulrichtungen. Die → Leerheits-Philosophie (Madhyamaka, jap. *Sanron*) war ebenso vertreten, wie die ›Nur-Geist-Lehre‹ (jap. *Hossô*) und eine mystische Form: *Kegon*. Letztere Schule und ihr chinesischer Vorgänger *Hua-yen* stützen sich auf einen Schriftzyklus, den man ›Blumenkranz-Sūtra‹ (*Avataṃsaka* jap. *Kegon*) nennt. In drei Fassungen besingt dieser Text die ursprüngliche → Erleuchtung in der zentralen → Buddhaform Vairocana (›der Alles-Durchstrahlende‹); er verkörpert die absolute Wirklichkeit der Erleuchtung, den alles durchdringenden ›Wahrheitskörper‹ (s. drei → Körper, → Buddhafamilie). Zum Spiegel des *Kegon*-Schülers wird der Knabe Sudhana, dessen Reise zur Erleuchtung über 55 Stationen geschildert wird. Der Haupttempel dieser Schule, der Tôdai-ji in der alten Kaiserstadt Nara, gilt als das vielleicht höchste japanische Heiligtum.

Im 9. Jh. festigten sich zwei weitere Schulen. Der *Tendai* fußt vor allem auf dem → Lotus-Sūtra; der erneuerte *Tendai*, der *Nichirin*-Buddhismus (gegründet im 13. Jh.), sucht sogar das Heil allein im Rezitieren des Anfangs der Lotus-Sūtra.

Die zweite Schulgründung des 9. Jh. ist das mystische *Shingon* des Meisters Kûkai. Die Lehre von den drei Körpern eines Buddha wird in dieser Schule zur mystischen Geheimlehre, in denen das heilige Wort (→ Mantra), die sexuelle Symbolik (→ Tantra) und → Mandalas (Meditationskarten) eine wichtige Rolle spielen. Zusammen mit der Kegon-Schule gehört Shingon der speziell japanischen Form des Tantrayāna (→ Diamantweg) an.

Der → Amida-Buddhismus, der Heil in der Anrufung der Buddhaform *Amida* (skt. *Amitābha*) sieht, wurde im 12. Jh. wichtiger Teil der japanischen Volksfrömmigkeit. Zur selben Zeit kamen die zwei Schulen des → Zen-Buddhismus, Sôtô und Rinzai, in Japan an. In ihnen wurde die Meditation im stillen Sitzen (*zazen*) und Beobachten der körperlich-seelischen Vorgänge zur höchsten Vollendung entwickelt. Seit dem 15. Jh. übt Zen den größten Einfluss auf die japanische Kultur aus.

40 Frage

Stimmt es, dass Buddha von einer **Jungfrau** geboren wurde?

Nein. Buddhas Mutter Māyā war sicher keine Jungfrau, als sie Buddha gebar, wie es die Christen von Maria, der Mutter Jesu, annehmen.

Es gibt allerdings eine Reihe von märchenhaften Erzählungen um Buddhas Empfängnis und Geburt, die einer Jungfrauengeburt ähneln: So soll Buddha in Form eines weißen Elefanten in den Schoß seiner Mutter eingetreten sein. Māyā träumte dieses Ereignis, worauf ihr die Hofweissager die Geburt eines bedeutenden Sohnes prophezeiten. Zehn Monate habe die Schwangerschaft gedauert, leicht und mühelos sei sie gewesen. Schließlich sei der Knabe im Śāla-Hain von Lumbinī aus der Seite oder Achselhöhle seiner Mutter getreten, begrüßt durch Götter und Naturgeister. Blumen regneten, die Erde bebte, ein Buddha war geboren!

Wundersame Empfängnis und Geburt gehören zu den → Zwölf Taten eines Buddha. Anders als bei den Glaubenswahrheiten (Dogmen) der Christen (wie der ›Jungfrauengeburt‹ der Katholiken) handelt es sich aber dabei nicht um letzte Wahrheiten. Vielmehr drücken diese Legenden in indischer Bildersprache die große Bedeutung aus, die der Buddha für die Menschheit hat. Kein Buddhist würde sie wörtlich nehmen! In einer Welt der → Illusion sind Märchen letztlich gleich wahr wie ›Tatsachenberichte‹. Und Legenden vom Leben Buddhas öffnen das Herz der Menschen für Buddhas Lehre, den Weg zur → Erleuchtung.

41 Frage

Erwarten Buddhisten eine Endzeit? – oder: Was ist **Kālacakra**?

Der gegenwärtige, 14. → Dalai Lama hat einen tibetischen Meditationstext weltweit im Zuge von Einweihungen bekannt gemacht. Die Rede ist vom Kālacakra-→ Tantra, dem ›Rad der Zeit‹. Diese mystische Schrift gehört zu einer Klasse von Texten, die man ›Höchstes-*Yoga*-Tantra‹ (*anuttara-yoga-tantra*) nennt, genauer handelt es sich um ein so genanntes ›nicht duales‹ Tantra. Als solches gilt Kālacakra als Haupttext der Gelugpa, der → Schule des Dalai Lama, doch auch die anderen Schulen des → tibetischen Buddhismus sehen es als herausragend an, was sich an den zahllosen Kommentaren aus allen Schultraditionen und den vier mündlichen Übertragungslinien dieses Tantras zeigt.

Den mythischen Rahmen dieser Schrift bildet die Ankündigung des Weltfriedens im Zukunftsreich Śambhala. Diese Vorstellung gründet sich auf die alt-indische Auffassung von einem Zeitalter des Verfalls, in buddhistischer Lesart: des Verfalls der Buddhalehre (→ *dharma*). Dieser sollte zyklisch die Ankunft eines neuen → Buddha folgen. Die verheerenden Einfälle der Moslems in Indien erweckten bei den friedlichen, nach → Erleuchtung strebenden Buddhisten den Eindruck, dass diese Zeit nun angebrochen sei. Da die Ankunft des → Zukunfts-Buddha Maitreya rechnerisch noch nicht zu erwarten war, verdichtete sich die Sehnsucht nach einem Ende der Zerstörung, Intoleranz und Barbarei, nach einer Zeit des Weltfriedens und der Harmonie zwischen den Religionen; im Volksglauben äußerte sich dies in der Hoffnung auf ein Friedensreich Śambhala – wenn man so will: einer vorläufigen Endzeit.

Es ist wichtig zu verstehen, dass es sich beim Śambhala-Mythos nicht um eine Geschichtslehre des tibetischen Buddhismus handelt, sondern um eine volkstümliche Spiegelung innerer Prozesse. Das Kālacakra-Tantra handelt nicht vom Lauf der Menschheit, sondern ist im Kern der vielleicht komplizierteste Meditationstext der Welt.

Der Meditationspalast (→ Mandala) der zentralen Meditationsgottheit (→ Yidam), die auch Kālacakra heißt, wird vom Meditierenden in unvorstellbar vielen Einzelheiten aufgebaut und durchwandert. Wegen seiner äußerst schwierigen Symbolik kann man diese Meditation erst nach jahrelangen Vorbereitungen mit Gewinn üben. Der Dalai Lama sieht in seinen Kālacakra-Belehrungen und Einweihungen einen Beitrag zum inneren Weltfrieden. Dies ist sicherlich richtig für die Fortgeschrittenen. In den Hindernissen und Missverständnissen, die dieser Text bei den Unerfahrenen hervorbringen kann, liegt jedoch auch eine große Gefahr.

Lit.: Andreas Gruschke: *Die heiligen Stätten der Tibeter. Mythen und Legenden von Kailash bis Shambhala*, München: Diederichs 1997.

42 Frage

Wie funktioniert das Gesetz von Ursache und Wirkung? – oder: Was ist **Karma**?

Der Buddhismus geht davon aus, das alles, was wir tun, sagen und denken, unausweichbare Folgen hat, heilsame (*kuśala*), unheilsame (*akuśala*) oder neutrale (*avyākṛta*); die Art und Weise, wie wir mit diesen Folgen umgehen, ergibt dann neue Ursachen, die erneut Folgen haben usw.; alles was geschieht, ist so bedingt und bedingend. Dieses Naturgesetz nennt man *karma* (Pāli *kamma*). ›Karma‹ bedeutet eigentlich ›Tat‹ und bezeichnet neben der Gesetzmäßigkeit auch den einzelnen Eindruck im Bewusstsein, den ›Tatenstoff‹, der sich in vergangenen, gegenwärtigen oder zukünftigen Bedingungen ausdrückt. Die Folgen unseres Tuns enden nämlich nicht mit unserem Tod. Die Geschichten, die wir in diesem Leben nicht zu Ende bringen, setzen sich nach unserem Tode fort, im Bösen wie im Guten. Wie in einer Kettenreaktion folgt so → Wiedergeburt auf Wiedergeburt, die eine bedingt durch die andere.

Wie steht es dann mit ›unheilsamen Taten‹? Ist ›schlechtes

Karma‹ nicht dasselbe wie ›Sünde‹? Nein. ›Sünde‹ und ›Schuld‹ sind Grundpfeiler der jüdisch-christlicher Glaubenslehre. Sünde meint ›Verstoß gegen den Willen Gottes‹, Schuld umschreibt das Verhältnis des Menschen gegenüber diesem Gott. Die damit verknüpften moralischen Urteile lassen sich, wie die Kirchengeschichte zeigt, allzu leicht zur Unterdrückung von Menschen missbrauchen. Buddhisten dagegen glauben nicht an einen → Gott, der sie am Ende ihres Lebens richtet. Statt ihren Mitmenschen die rechte Lebensweise zu predigen wissen sie um die Folgen ihres Tuns: Wenn ich hasse, verursache ich viele leidvolle Wahrnehmungen bei mir selbst und anderen. Wenn ich liebe, erzeuge ich viele Glücksmomente. Es ist also keine Frage von Moral, von Sünde oder Schuld, sondern eine Frage der Einsicht, der → Weisheit, wenn wir nicht hassen, sondern lieben.

Ist Karma dann dasselbe wie ›Zufall‹, ›Schicksal‹? Wiederum: Nein! Karma meint gerade: Nichts geschieht zufällig, alles hat seinen Sinn, d. h. eine Ursache. Wer wir sind, welche Fähigkeiten und Begrenzungen wir haben, was uns widerfährt – das alles ist letztlich Ausdruck unserer vergangenen Entscheidungen. Karma ist das Gegenteil von ›Zufall‹. Wir erleben nun die Wirkungen unseres früheren Handelns. Natürlich lässt es sich auf den ersten Blick viel leichter leben, wenn es eine übernatürliche Macht gibt, die uns bestimmt, wie ›Schicksal‹ oder ›Gott‹. Man atmet schwerer unter der Last der eigenen Verantwortung. Vor allem atmet man aber freier: Echte Freiheit besteht erst da, wo wir die Folgen unserer Entscheidungen selbst tragen müssen. Das ist Karma. Dabei gilt dies nicht nur für unheilsame Handlungen. Wenn wir das Gesetz von Ursache und Wirkung richtig begreifen, werden wir uns bewusst, dass wir nun – hier und jetzt – eine kostbare Möglichkeit haben, unendlich viel Gutes zu tun. Heute säen wir die Samen für unsere Zukunft. Darum sind Buddhisten auch nicht so sehr an ihren früheren Wiedergeburten interessiert. Wichtiger ist ihnen die Frage, welche Möglichkeiten sie jetzt haben, um zum Wohle der Wesen zu wirken. Nicht was wir waren oder sind ist belangreich, sondern was wir sein wollen und werden. Das Ziel zählt: → Erleuchtung.

43 Frage

Wer ist der **Karmapa**?

Der Gyalwa Karmapa oder ›Schwarzhut-Lama‹ ist einer der bedeutendsten → Lehrer des tibetischen → Diamantwegs. Er ist der ›Linienhalter‹ – also Hüter der Tradition – der (Karma) Kagyü-Schule, der ›mündlichen Übertragungslinie‹ und der älteste, bewusst wiedergeborene Lama → Tibets. Wie der → Dalai Lama gilt er als irdische Ausstrahlung (›Tulku‹) des Erleuchtungsaspesktes des Mitgefühls, → Avalokiteśvara. Sein Name lässt sich annähernd mit ›Tatkraft aller Buddhas‹ übertragen. Der erste Karmapa, Düsum Khyenpa (1110-93), war der wichtigste Schüler des großen Gelehrten Gampopa, der seinerseits Hauptschüler des Dichters→ Yogis Milarepa war.

Die gegenwärtige Situation des 17. Karmapas kann als Lehrstück tibetischer Politik gelten, in der der Dalai Lama keine glückliche Rolle spielt: Nach seiner Flucht aus Tibet 1959 sicherte der 16. Karmapa, Rangjung Rigpe Dorje (1924-81) gegen die Bestrebungen des Dalai Lamas die Unabhängigkeit aller → Schulen des tibetischen Buddhismus. Der 17. Karmapa, Thaye Dorje, wurde 1983 in Lhasa geboren und vom 14. Sharmapa (›Rothut-Lama‹) und weiteren hohen Kagyü-Lamas 1991 anerkannt. Der Shamarpa ist der zweite Linienhalter (Hüter der Tradition) der Karma Kagyü und in der Zwischenzeit zwischen zwei Wiedergeburten des Karmapa die höchste Autorität; er allein ist befugt, eine Wiedergeburt des Karmapas zu bestätigen. Trotzdem hatte unglücklicherweise ein anderer hoher Kagyü-Lama in Kollaboration mit den chinesischen Besatzern Tibets und dem 14. Dalai Lama gegen alle Regeln und Traditionen der Karma Kagyü-Schule bereits medienwirksam einen eigenen Kanditaten, Urgyen Trinle, angewiesen. Abtrünnige Mönche stürmten Karmapas traditionellen Sitz in Rumtek/Sikkim und vertrieben die Anhänger des rechtmäßigen Karmapas mit Gewalt. Urgyen Trinle floh Anfang des Jahres 2000 aus Tibet und wird meistens der Weltöffentlichkeit noch immer als 17. Karmapa präsentiert, obwohl aus medizinischen Untersuchungen deutlich geworden ist, dass er lange vor 1981, dem Todesjahr des 16. Karmapas, geboren sein muss.

Der rechtmäßige Karmapa Thaye Dorje bereitet sich inzwischen mit intensiven Studien auf die Übernahme der Linienhalterschaft und die Vereinigung der durch politische Intrigen gespaltenen Kagyü-Linie vor.

Lit.: Tomek Lehnert: *Rüpel in Roben*, Wuppertal: BDD 1999.

---

44 Frage

Warum setzt sich das Leiden immer fort? – oder: Was ist die **Konditionalkette**?

Dass Leben → Leiden ist, machte der Buddha bereits in seiner ersten Predigt mit den → Vier Edlen Wahrheiten deutlich: Sie handeln vom Leiden, der Ursache des Leidens, der Vernichtung des Leidens und dem → Achtgliedrigen Pfad dahin. Wie sich Leiden in der Werdewelt (→ *saṃsāra*) nach dem Gesetz von Ursache und Wirkung (→ Karma) immer weiter fortsetzt, legte er anhand einer Zwölfer-Kette von Ursachen/Bedingungen dar – der ›Kette des Bedingten Entstehens‹ (*pratītyasamutpāda*):

1. Unwissenheit (*avidyā* Pāli *avijjā*)
2. Gestaltungskräfte (*saṃskāra* Pāli *sankhāra*)
3. Bewusstsein (*vijñāna* Pāli *viññāṇa*)
4. Person (Skt./Pāli *nāma-rūpa*)
5. Sinnenreich (Skt./Pāli *āyatana*)
6. Bewusstseinseindrücke, ›Berührungen‹ (*sparśa* Pāli *phassa*)
7. Gefühle (Skt./Pāli *vedanā*)
8. Begierde (*tṛṣṇā* Pāli *taṇhā*, ›Durst‹)
9. → Anhaften, Ergreifen (Skt./Pāli *upādāna*)
10. Werdeprozess (Skt./Pāli *bhava*)

11. Geburt (Skt./Pāli *jāti*)
12. Altern und Sterben (Skt./Pāli *jarā-maraṇa*)

Unwissenheit oder Verblendung (*moha*) ist dabei sein Ausgangspunkt: Unsere Verwirrtheit (1.), die wahre Natur der Dinge nicht zu begreifen, ruft ›Einprägungen‹, Willenskräfte (2.) hervor, die das Gesetz von Ursache und Wirkung fortsetzen und ein von der Ganzheit getrenntes (= dualistisches) Bewusstsein (3.) schaffen. Aufgrund dieses Bewusstseins nehmen wir uns als individuelle Person (4.) wahr, mit sechs Sinnen (5.: Sehen, Hören, Riechen, Schmecken, Tasten und Denken), denen sechs Wahrnehmungsziele entsprechen (6.: Formen, Töne, Gerüche, Geschmackseindrücke, Berührbares und Denkobjekte = *dharmas*, → Daseinsfaktoren).

Im Zusammenspiel von Sinnen und Sinnesobjekten wird Empfinden (7.) erlebt, was Begierde (8.) und Ergreifen (9.) verursacht, woraus sich ein Werdeprozess (10) entwickelt, der von Geburt (11.) zu Alter und Tod (12.) führt. Nach dem Tod wirken die angesammelten Eindrücke weiter, wie eine Töpferscheibe weiterdreht, wenn sie einmal angestoßen wurde. Verwirrtheit (1.) ist nicht besiegt, die Konditionalkette setzt sich fort. Nach den alten Kommentaren zielt die Konditionalkette auf Vergangenheit (1.–2.), Gegenwart (3.–10.) und Zukunft (11.–12.), umfasst also zwei Wiedergeburten.

Die letzten fünf Gliedern der Konditionalkette (8.–12.) erwachsen auf natürliche Weise aus den Vier Edlen Wahrheiten, wo ebenfalls die Begierde (›Durst‹, hier 8.) die Ursache des Leidens, der Verstrickung in die Werdewelt (*saṃsāra*) bildet.

Die ›Kette des Bedingten Entstehens‹ berührt sich aber auch mit Buddhas tiefsinningen Belehrungen über die ›empirische Person‹, also mit der Frage, wie es trotz Fehlens eines ›Ichs‹ zur Vorstellung von Personen kommt (→ Nicht-Ich-Lehre): Ein Individuum ist demnach nichts weiter als eine sich stets verändernde Zusammensetzung von bedingten Daseinseinheiten (*dharmas*, Daseinsfaktoren), die durch das Zusammenspiel der fünf ›Gruppen der Anhaftung‹ (→ Skandhas) funktionieren: Form erzeugt Gefühl (in der Kette 7.), dies führt zu Wahrnehmung (vgl. 5. und 6.), dies erzeugt Willensregungen (2.) und so entsteht Bewusstsein (3.).

Wenn Sie dies nicht alles direkt verstehen, trösten Sie sich: Eine unzählige Menge gelehrter Schriften sind im Laufe der Jahrhunderte über die Konditionalkette geschrieben worden; der *Abhidhamma*, der philosophische Teil des → Pāli-Kanons, dreht sich fast ausschließlich darum (besonders das letzte, sechsbändige ›Buch des Ursprungs‹, *Paṭṭhāna*); und dennoch bleiben viele offene Fragen! Wahrscheinlich ging es dem Buddha bei diesen Belehrungen nicht so sehr um strenge Logik, als vielmehr darum, Menschen zum Nachdenken zu bringen.

Lit.: Yoshihito G. Muroji: *Vasubandhus Interpretation des Pratityasamutpada*, Stuttgart: Steiner 1993.

45 Frage

Warum brauchte man nach Buddhas Verlöschen **Konzile**?

Der Buddha hatte keinen Nachfolger bestimmt. 45 Jahre nach seiner → Erleuchtung hatte er alle Lehren weitergegeben. Doch die Gemeinschaft verspürte die Notwendigkeit, das Buddhawort, den → *dharma*, so genau wie möglich festzuhalten. Nach Buddhas Verlöschen kam es darum zu insgesamt drei allgemeinen Konzilen. Das 1. Konzil (*saṃgīti*) wurde von Mahākāśyapa innerhalb des Todesjahres des Buddha in Rājagṛha, wo dieser oft gelehrt hatte, zusammengerufen. 499 Mönche kamen; Buddhas Vetter und Schüler → Ānanda trug die → Lehrreden (*sutta*) des Buddha aus dem Gedächtnis vor, Upāli folgte mit den Ordensregeln (*vinaya*) und Mahākāśyapa selbst trug die philosophischen Erläuterungen (*Abhidhamma*) vor – die drei Körbe des → Pāli-Kanons entstanden. Sieben Monate lang rezitierten die Mönche daraufhin Buddhas Worte, um sie wortgetreu im Gedächtnis zu bewahren. Aufgeschrieben wurden Buddhas Lehren erst viel später, ab dem 1. Jh. v. u. Z.

Das 2. Konzil fand 110 Jahre nach Buddhas Verlöschen, also

ca. 370 v. u. Z. nach der ›langen Chronologie‹ in Vaiśāli statt. Die Gemeinschaft war uneinig, ob man an allen, inzwischen veraltet erscheinenden Ordensregeln festhalten sollte. Die genauen Umstände sind undeutlich und werden in den Texten widersprüchlich dargestellt, fest steht aber, das hier oder auf dem 3. Konzil in Pāṭaliputra (3. Jh. v. u. Z.) sich die Gemeinde spaltete, nämlich in die liberalere Mehrheitsrichtung, *Mahāsaṃgikas*, und die konservativere ›Schule der Älteren‹, *Sthaviravāda*, dem Vorläufer des → Theravāda, des südlichen Buddhismus. Nach der Tradition des nördlichen Buddhismus fand das 3. Konzil allerdings erst im 1. Jh. v. u. Z. in Kaschmir statt.

Die Tradition des südlichen Buddhismus (Theravāda) kennt noch drei weitere Konzile, das letzte fand 1954-6 in Rangun (Birma) statt und legte den Wortlaut des Pāli-Kanons erneut fest.

46 Frage

Was meint man mit den drei **Körpern** eines Buddha?

Wie kann man → Erleuchtung als natürlichen Zustand und volle Entwicklung des → Geistes begreifen und gleichzeitig die Wirklichkeit der Erleuchtung, die im historischen Buddha anwesend war, einordnen? Vor dieser Schwierigkeit standen die Denker des nördlichen Buddhismus (→ Mahāyāna).

In der Sprache der Philosophen kann man dieses Problem mit dem Schlagwort ›Transzendenz gegen Immanenz‹ (›außerhalb und jenseitig gegen innerlich‹) verdeutlichen. Die Lehre von den drei Körpern (*trikāya*-Lehre) löst dieses Dilemma.

Wenn wir von den zwei → Wirklichkeiten ausgehen – der wahrnehmbaren und der höchsten –, dann ist auf der Ebene der absoluten Wahrheit Erleuchtung zeitlos und überall anwesend. Sie fällt mit → Leerheit und/oder Geist zusammen. Dies nennt man den ›Wahrheitskörper‹ (*dharmakāyā*) eines Buddha. In der → Kunst und als Gegenstand der Meditation wird diese unspaltbare, höchste Form der Erleuchtung im → Diamantweg durch die Figur eines zumeist blauen ›Ur-Buddha‹ ausgedrückt, in → Tibet z. B. als nackter Buddha Samantabhadra, als blauer Buddha ›Diamanthalter‹ (Vajradhara) oder – auch in → Japan – als Buddha Vairocana. Obwohl dieser Ur-Buddha körperlich dargestellt wird, ist das Erleben seiner Wirklichkeitsebene form- und zeitlos, mit Erleuchtung gleich.

Ebenfalls nur geistig erfahrbar, aber im Erleben als Aspekt von Erleuchtung ›gefärbt‹, sind die ›Körper der Freude‹ (*saṃbhogakāya*). Erleuchtete Eigenschaften und Tatbereiche, besonders → Weisheit (*prajñā*) und → Mitgefühl (*karuṇā*), verdichten sich hier zu einer inneren, meditativen → Buddhaform. In der Meditation sind so Vajrasattva (Aspekt: Reinigung), Mañjuśrī (Weisheit), → Avalokiteśvara (Mitgefühl), → Tārā (mitfühlender Schutz) usw. Freudenkörper der Erleuchtung.

Das Erscheinen eines Erleuchteten in der Geschichte schließlich wird zu einem Sichtbarwerden der höchsten Wahrheit im Bereich der bedingten Welt. Der fassbare Leib des Buddha wird zum ›Ausstrahlungskörper‹ (*nirmāṇakāya*).

In Tibet entwickelte sich dieser Gedanke zu einer kulturellen Besonderheit: ›Ausstrahlungskörper‹ (Tibetisch: *sprul sku*, ›Tulku‹) sind nicht auf die historischen Buddhas beschränkt, sondern sind auch den auf Erden wandelnden → Bodhisattvas und Erleuchtungsaspekten zu Eigen, den ›lebenden Buddhas‹. Dieser für uns westliche Menschen nicht immer leicht nachvollziehbare Gedanke lässt sich zumindest psychologisch gut deuten: Die Tulkus (lebenden Buddhas) sind verwirklichte → Lehrer. Entscheidend ist wiederum das Vertrauen zu einem Lehrer. Eine Reihe von Lehrern unter demselben Namen garantiert nun die Wirksamkeit der Lehre (→ *dharma*), das Programm ›Erleuchtung‹ gewinnt durch das Vertrauen in das Programm ›Dalai Lama‹ oder ›Karmapa‹.

47 Frage

Wie sieht buddhistische **Kunst** aus?

Nach → Buddhas Eintritt ins → Nirvana fragten sich seine Anhänger, wie sie den Erwachten darstellen könnten. Schließlich war Buddhas menschlicher Körper nur ein ›Gefäß‹ der Erleuchtung. Eine Zeit lang beschränkte sich buddhistische Kunst auf die Abbildung von Symbolen, wie dem ›Rad der Lehre‹, das acht Speichen hat, die auf den → ›Achtgliedrigen Pfad‹ weisen. Das veränderte sich erst unter dem Einfluss der griechischen Kunst, mit der die Buddhisten im heutigen Ost-Afghanistan/Nord-Pakistan, dem antiken Gandhāra, ab dem 2. Jh. in Berührung kamen. Figuren des Weisheitsgottes Apollo dienten als Vorbild für Buddhastatuen. Besonders auffällig ist dabei die typisch hellenistische Weise des Faltenwurfs bei der Gestaltung der Gewänder. Zeitgleich entstanden in Mathurā (Nordindien, südlich von Delhi) Buddhabilder, die ihre klassische Form in der Kunst der Gupta-Periode (350–650) erhielten. Kennzeichnend für die Statuen dieser Zeit ist, dass die Gewänder hauteng wie nasse Kleider am Leib liegen. In der Pāla-Kunst (8.–12. Jh.) erlebte diese Stilform ihren letzten Höhepunkt. Großartige Buddhastatuen aus Bronze, Silber und Gold finden sich in → China und → Tibet, wie z. B. der *Jobo*, die Statue des Buddha Śākyamuni im *Jokhang*-Tempel zu Lhasa. Der vielleicht größte Künstler auf diesem Gebiet, Zanabazar (1635–1723), war gleichzeitig der erste mongolische ›Jebtsündampa‹; diese Wiedergeburtslinie regierte die Mongolei bis 1911.

Bedeutendste Form buddhistischer Architektur wurde der → Stūpa, ein Reliquienschrein. Buddhistische Wandmalerei erreichte u. a. in den Höhlen des nordindischen Ajaṇṭā (2. Jh. v. u. Z.–7. Jh.), des zentralasiatischen Dunhuang, Kizil (Kucha) und Bäzäklik bei Turfan (5.–10. Jh.) und des chinesischen Lung-men (6.–8. Jh.) außergewöhnliche Ausdruckskraft. Die Malerei auf Stoff (zumeist Seide) erlebte in den tibetischen Rollbildern (Thangkas) einen unübertroffenen Höhepunkt.

Buddhadarstellungen zeigen oftmals Besonderheiten, die mit einer vorbuddhistischen Überlieferung zu tun haben: Demnach besitzt ein ›Großer Mann‹ 32 Merkmale. Im *Mahāpadāna-Suttanta* des → Pāli-Kanons und seinem nördlichem Gegenstück in Sanskrit, dem *Mahāvadāna-Sūtra*, werden diese 32 Kennzeichen für den → Vorzeitbuddha Vipaśyin aufgezählt, andere Texte beziehen sie auf den historischen Buddha und beschreiben sie ausführlich. In der Kunst werden davon besonders der typische Schädelauswuchs (*uṣṇīṣa*, oft als ›Frisur‹ gedeutet), die Stirnlocke (*ūrṇā*), die Schwimmhäute und die Räder auf den Handinnenflächen abgebildet.

Bei den nördlichen Abbildungen von → Buddhaformen als Ausdruck von Eigenschaften und Tatbereichen der → Erleuchtung gibt es eine komplizierte Symbolsprache, die die Körpergestik (→ Mudrā) einschließt. Im → Diamantweg steht z. B. das Diamantzepter für das männliche Prinzip und die geschickten Mittel (*upāya*), die Glocke für das weibliche Prinzip, Weisheit (*prajñā*) und → Leerheit; die Kreuzung dieser Gegenstände vor dem Herzen, wie bei Abbildungen des → Karmapa, steht für die Einschmelzung der Gegensätze, für höchste Erleuchtung.

Lit.: Hellmuth Hecker/Karl E. Neumann: *Buddhismus und Kunst*, Konstanz: Christiani 1974.

48 Frage

Welche Stellung haben die **Laien**?

Der → Buddha hatte deutlich gemacht, dass sein Weg für alle gilt. Mönchstum schien ihm besonders nützlich, da → Mönche sozusagen hauptberuflich die → Erleuchtung anstreben konnten. Sie mussten sich nicht um ihre – zugegeben bescheidenen – Grundbedürfnisse kümmern: Sie wurden von den Laien gespeist. Männliche und asketische Arroganz führten sogar zu der verzerrenden Ansicht, dass → Frauen und Laien erst als Mönche wiedergeboren werden müssten, bevor sie Erleuchtung erlangen könnten. Diese Auffassung herrscht noch traditionell im südlichen Buddhismus, → Theravāda, vor, ist aber im Grunde nicht mit Buddhas Lehren zu decken; dies wurde bereits früh in der → ›Lehrrede des Laien Vimalakīrti‹ (*Vimalakīrtinirdeśa-Sūtra*) aufgezeigt (ca. 200 v. u. Z.). Laien spielen darum im nördlichen Buddhismus, → Mahāyāna und → Diamantweg, eine viel prominentere Rolle. In einer veränderten Welt, die Beruf und → Meditation ohne weiteres vereinbar macht, ist der Laie, der Buddhas Pfad tätig und mitten im Leben stehend folgt, besonders wichtig. Der moderne Diamantweg sieht in ihm das Ideal des ›Verwirklichers‹, des heutigen → Yogis.

49 Frage

Was ist die Lehre von der **Leerheit**?

Hier kommen wir zu einem sehr schwierigen und tiefsinnigen Bereich der buddhistischen Weltsicht. Denn die vielleicht bedeutendste philosophische Leistung des Buddhismus ist die *Madhyamaka*-Lehre (›mittlere Lehre‹). Während in den alten Lehren häufig vom Buddhismus als → Mittelweg – nämlich dem Weg zwischen völliger Selbstquälerei und unkontrollierter Genusssucht – gesprochen wurde, meint ›mittlere Lehre‹ hier eine Philosophie, die die Welt weder als wirklich noch als unwirklich beschaut: Die wahre Natur der Wirklichkeit ist die Leerheit (*śūnyatā*): Die Welt, wie wir sie erleben, ist zusammengesetzt aus → ›Daseinsfaktoren‹ (*dharmas*), also (fein)stofflichen Elementen, die lediglich in der Abhängigkeit von Ursache und Folge (→ Karma) in immer neuen Verbindungen erscheinen und die Bühne für das → Leiden bilden. Wie schon die Pāli-Texte bezeugen, nannte der Buddha diese *dharmas* ›leer‹ (*śūnya* Pāli *suñña*). Das will sagen, dass sie in ihrem Wesen frei von Entstehen, Vergehen und vor allem

Eigen-Existenz sind. Weil es keine endgültige Eigennatur gibt, wie die → Nicht-Ich-Lehre besagt, erklärt sich somit das große Paradox des Buddhismus: Es gibt Leiden, aber letztlich niemanden, der leidet! Im nördlichen Buddhismus (→ Mahāyāna) führte die Madhyamaka-Philosophie diesen Gedanken folgerichtig weiter: Die letzte Wirklichkeit, ohne Farbe, Geschmack, Entstehen und Vergehen usw. ist Leerheit, alles ist Leere. Leerheit ist, in der gefeierten Formulierung des Zen-Meisters Dôgen, »Gedanke aus der Tiefe des Nicht-Denkens«.

In einer Vorform findet sich diese Philosophie in einer Gattung meditativ-philosophischer Texte, die seit dem 2. Jh. v. u. Z. entstanden, den Texten der ›Höchsten Erkenntnis‹ (→ *Prajñāpāramitā*). Der wohl bedeutendste Philosoph des Buddhismus, → Nāgārjuna (2. Jh. u. Z.), führte die Lehre der Leerheit schließlich zum Höhepunkt in seinem Hauptwerk *Madhyamakakārikā*; er gilt als Gründer des eigentlichen Madhyamaka.

Der Buddhismus → Tibets verband Madhyamaka mit der zweiten bedeutenden philosophischen Richtung des 2. Jhs., der Nur-Geist-Lehre, derzufolge alles, was ist und geschieht, ein Spiel des → Geistes darstellt. Somit wurde Leerheit zur Eigenschaft des Geistes als Raum und Offenheit, die in der Meditation freud- und kraftvoll erfahrbar ist (*Mahāmudrā, Mahā-Ati*). Dieser Höhepunkt buddhistischer Weltsicht wird von den älteren Schulen, besonders den Nyingmapa und Kagyüpa gepflegt. In der Reformschule des Tibetischen Buddhismus, der der → Dalai Lama vorsteht, wurde diese Verbindung zugunsten eines intellektuelleren, reineren ›Weges der Leerheit‹ (*śūnyatavāda*) wieder verworfen.

Am radikalsten wurde das Prinzip Leerheit im chinesischen *Ch'an*-, bzw. im japanischen → Zen-Buddhismus weiterentwickelt. Das Gewahrwerden der Leerheit im absoluten Moment ist hier das Erleuchtungserleben (*satori*).

Lit.: Erich Frauwallner: *Die Philosophie des Buddhismus*, Berlin: Akademie ⁴1994.
Kurt Schmidt: *Leer ist die Welt*, Konstanz: Christiani 1953.
Volker Zotz: *Geschichte der buddhistischen Philosophie*, Reinbek: rororo 1996.

50 Frage

Warum braucht man einen **Lehrer**?

Der wichtigste Lehrer ist der → Buddha selbst. Nach den Lehren des nördlichen Buddhismus steht er auch für den erleuchteten Zustand unseres eigenen → Geistes. Dem Buddha vertrauen heißt, auf → Erleuchtung zu vertrauen. Die Mittel des → Diamantwegs erfordern allerdings eine sehr konkrete Hilfe. Wenn wir mit Erleuchtungsenergien arbeiten wollen, wie das bei tantrischen → Meditationen geschieht, brauchen wir Anleitung von jemandem, der die Hindernisse und Fallen bei dieser Methode aus eigener Ansicht kennt. Dies ist der *Lama*, ein befugter Lehrer, der in einer langen Linie von Verwirklichern steht (Transmission). Im tibetischen Buddhismus ist der wichtigste Lehrer der Linienhalter, der Hüter der Tradition, wie der → Karmapa der Linienhalter der Karma Kagyü-Schule ist. Auf persönlicher Ebene wird er durch den ›Wurzel-‹ oder ›Herz-‹Lama vertreten, das ist der Lama zu dem man das engste Band unterhält, der die Fortschritte überwacht und Erlaubnis für → tantrische Meditationen gibt. Diese Ermächtigungen geschehen in der Regel dreifach als Textübertragung (*lung*), Belehrung (*khrid* ›Thri‹) und Initiation (*dbang* ›Wang‹). Der Lama steht dabei nicht für eine Person, dessen Aussehen oder dessen Meinung uns im Alltagsleben nicht gefällt. Er steht für das Programm ›Erleuchtung‹. Deshalb gilt Im Tibetischen Buddhismus, sobald man nach der → Zufluchtnahme eine Reihe vorbereitender Übungen abgeschlossen hat, die Meditation auf den Lama selbst (*guru-yoga*) als der schnellste Weg zur Erleuchtung.

51 Frage

Sind die **Lehrreden** des Buddha wirklich seine eigenen Worte?

Ja, fast. Buddhas Schüler haben sich große Mühe gegeben, die Worte ihrers Lehrers ganz genau im Gedächtnis zu behalten. Es kamen mit der Zeit allerdings Wiederholungen und feste Formeln hinzu. Das hat seinen Grund darin, dass Buddhas Belehrungen lange Zeit mündlich überliefert wurden, und eine feste Abfolge sowie Wiederholungen helfen beim Auswendiglernen. Die Lehrreden wurden nach einiger Zeit in verschiedenen indischen Mundarten niedergeschrieben; diese mittelindischen Sprachen, wie das Pāli, standen dabei der Sprache des Buddha, dem Magadhī, recht nahe. So blieb der Kern der Lehre überall erhalten.

Eine Lehrrede des → Pāli-Kanons, ein *Sutta(nta)* beginnt mit Ausnahme der kleinen Sammlung *Itivuttaka* immer so: *So habe ich gehört. Zu einer bestimmten Zeit weilte der Erhabene (=* Buddha*) in …* Auch die Lehrreden, die in Sanskrit überliefert wurden (*Sūtra*), haben meistens diesen Anfang. So wird der Inhalt der Belehrung auf Ohrenzeugen des Buddha zurückgeführt, es wird deutlich gemacht, dass der Erleuchtete selbst am Wort ist und niemand etwas hinzugefügt oder weggelassen hat.

Die Lehrreden des Buddha sind im südlichen Buddhismus (→ Theravāda) im zweiten ›Korb‹ des Pāli-Kanons gesammelt: Man kann mehr als 5.000 zählen. In den älteren → Schulen, die mit dem heutigen Theravāda verwandt waren, existierten Sammlungen in Sanskrit und in mittelindischen Sprachen wie den Apabhramśa und dem Gandhārī, die nur noch bruchstückhaft überliefert sind. Dafür kennen wir einige alte Sammlungen aus frühen Übersetzungen ins Chinesische. Einzelne Schriften finden sich auch in zentralasiatischen Sprachen, wie dem Uigurischen, Sogdischen, Khotansakischen und Tocharischem.

In den Schulen des → Mahāyāna (nördlichen Buddhismus) finden sich große Lehrreden, die vor allem → Weisheit und → Mitgefühl behandeln. Sie enthalten die Lehren z. B. zur → Buddhanatur, → Bodhisattva, → Leerheit, → Geist. Zu diesen zählen u. a. die → *Prajñāpāramitā*-Sūtras, das → Lotus-Sūtra und das Goldglanz-Sūtra (*Suvarṇaprabhāsa*-Sūtra), das in der Mongolei und in → Japan zur wichtigsten Schrift der buddhistischen Staatskunst wurde.

Einige Schulen stützen sich sogar ausschließlich auf eines dieser Sūtras, z. B. in Japan *Tendai* und *Nichirin* auf das Lotus-Sūtra und Kegon auf das ›Blumenkranz-Sūtra‹.

Im → Diamantweg → Tibets wurden Buddhas Worte der Überlieferung nach in 108 Bänden gesammelt, die 84.000 Belehrungen enthalten sollen. Der heutige tibetische Kanon, der mehr als 300 Bände umfasst und mehr als 4.000 einzelne Schriften beinhaltet, wird in Kanjur (*bka' 'gyur* ›Übersetzung des Wortes‹) und Tenjur (*bstan 'gyur* ›Übersetzung der Kommentare‹) unterteilt.

Lit.: Helmuth von Glasenapp: *Der Pfad zur Erleuchtung. Ein buddhistisches Lesebuch*, Bergisch Gladbach: Lübbe 2000.
Claudia Weber: *Buddhistische Sūtras*, München: Diederichs 1999.

52 Frage

Ist alles **Leiden**?

Im Buddhismus scheint sich alles um Leiden zu drehen. Leben ist Leiden, lautet die erste der → Vier Edlen Wahrheiten, die das Kernstück der Lehre Buddhas darstellen:

Geburt ist Leiden, Alter ist Leiden, Krankheit ist Leiden, Sterben ist Leiden, Trauer, Jammer, Schmerz, Aufwallung und Beunruhigung bedeuten Leiden. Abwesenheit von Ersehntem und Anwesenheit von Verhasstem bedeutet Leiden. Kurz: Die Formkräfte des Daseins (→ Skandhas*) sind Leiden.*

Das klingt sehr pessimistisch. Gibt es denn nicht auch schöne Momente im Leben? Sind Buddhisten wirklich so verhärmt und lebensmüde, dass ihnen alles als Leid vorkommt? Weit gefehlt! Was Buddha hier mit Leiden meint, zielt auf die Vergänglichkeit irdischen Glücks. Keinen noch so schönen Augenblick kann man festhalten, Jugend, Schönheit, Reichtum, Macht und Liebesglück sind wandelbar und vergehen früher oder später. Im Kreislauf der → Wiedergeburten wiederholen sich Verlust und Scheitern immer wieder aufs Neue. Echte Buddhisten sind deshalb keine freudlosen Zeitgenossen. Sie kennen einen Weg, um gleichmütig und heiter durch die tosenden Stürme des Lebens zu kommen. Sie wissen, dass → Erleuchtung Wirklichkeit ist.

Der nördliche Buddhismus (→ Mahāyāna) betont, dass jeder schon den Keim der Erleuchtung in sich trägt (s. → Buddhanatur). Darauf kann man vertrauen, mehr, als auf weltliches Glück. Leben ist Leiden – vom Standpunkt der Erleuchtung aus betrachtet: Denn Erleuchtung ist zeitlose, höchste Freude.

53 Frage

Ist das **Lotus-Sūtra** die ostasiatische Bibel?

In der Tat hat man diese wichtige Schrift des nördlichen Buddhismus (→ Mahāyāna) so genannt. Das liegt vor allem an der hohen Stellung, die das Lotus-Sūtra in → China und → Japan genießt, so z. B. in der *T'ien-t'ai*-Schule (in Japan: *Tendai*). Im japanischen *Nichirin*-Buddhismus gilt das Lotus-Sūtra sogar als einzige Autorität. → Erleuchtung verspricht hier allein das Rezitieren des Sūtren-Anfangs. ›Das Sūtra vom Lotus des rechten Gesetzes‹, wie der Titel vollständig lautet, bekam spätestens im 2. Jh. u. Z. seine endgültige Form. Es betont die Gemeinsamkeit der verschiedenen buddhistischen → Schulen und die Möglichkeit aller Wesen, Erleuchtung zu erlangen (*ekayāna*). Buddha als Vater begegnet uns in den berühmten Gleichnissen der Kapitel 3 und 4, dem Gleichnis vom brennenden

Haus und dem Gleichnis vom verlorenen Sohn, das sich umgearbeitet im christlichen Lukasevangelium (Kap. 15) findet. Das 24. bzw. 25. Kapitel des Lotus-Sūtra besingt das Mitgefühl der Erleuchtung, den → Bodhisattva → Avalokiteśvara (chin. *Kuan-Yin*, jap. *Kannon*) als universellen Helfer und Retter.

Lit.: M. von Borsig: *Sūtra von der Lotosblume des wunderbaren Gesetzes*, Gerlingen: Schneider 1993.

54 Frage

Was ist das große Fahrzeug, **Mahāyāna**?

Mahāyāna, das ›Große Fahrzeug‹, nennt man den nördlichen Buddhismus, wie er besonders → China, Korea, → Japan und Vietnam geprägt hat. Auch der → Diamantweg-Buddhismus → Tibets (mit Ladakh, Nepal und Bhutan) und der Mongolei gründet sich auf den Mahāyāna – manchen gilt er lediglich als eine Sonderform des nördlichen Buddhismus. Der Name ›Großes Fahrzeug‹ verweist auf den Grundgedanken allumfassender Befreiung hin: Nicht nur Männern – d. h. → Mönchen – steht der Weg zur Erleuchtung offen, sondern das ›große Gefährt‹ nimmt alle Menschen, auch → Laien und → Frauen, auf dem Weg zur Überwindung des Leidens mit. Im Mahāyāna stehen die Belehrungen über → Weisheit und → Mitgefühl im Mittelpunkt. Weisheit meint dabei vor allem die Erkenntnis, dass alles leer, d. h. von der höchsten Ebene betrachtet ohne Eigennatur ist (→ Leerheit). Mitgefühl geht von der Beobachtung aus, dass es Leiden gibt. Da es aber nach buddhistischer Lehre keine → Seele, kein Selbst gibt (→ Nicht-Ich-Lehre), entwickelte sich daraus der Gedanke, dass nur wenig gewonnen ist, wenn das Leiden einer einzigen vorgeblichen Person aufhört. Daraus ergibt sich der starke Wunsch, dass alle fühlenden Wesen, Erleuchtung erlangen mögen (→ *bodhicitta*). Das Heilsziel des Mahāyāna ist dann auch nicht das Verlöschen des Einzelnen nach seiner Erleuchtung, wie im südlichen Buddhismus, → Theravāda. Der Praktizierende des Großen Fahrzeugs verspricht vielmehr, auch nach seiner Erleuchtung nicht ins → Nirvana einzugehen, sondern den anderen Wesen bei ihrer Befreiung zu helfen (→ Bodhisattva).

Lit.: Hans Wolfgang Schumann: *Mahāyāna-Buddhismus*, München: Diederichs 1995.

55 Frage

Wie funktioniert eine Meditationskarte, ein **Mandala**?

Im tibetischen → Diamantweg verwendet man ein Hilfsmittel, das man am ehesten als Meditationskarte bezeichnen kann. Die Sprache ist von Mandalas, ›(Kraft-)Kreisen‹ der Erleuchtung. Sie zeichnen den Palast einer → Buddhaform bzw. Meditationsgottheit (→ Yidam), die sich im Zentrum befindet; andere Erleuchtungsaspekte können in den Zwischenräumen und an den vier Eingängen (oben = Westen) dargestellt sein. Dieser Grundriss ist umringt von Schutzkreisen z. B. aus blauen Diamantzeptern (*vajra*) und Flammen/Wellen in den fünf Weisheitsfarben weiß, gelb, rot, blau, grün. Wer von seinem → Lehrer die Erlaubnis dazu bekommen hat, bewegt sich während der Meditation nun durch diesen geistigen Grundriss, um schließlich im Zentrum mit der Buddhaform zu verschmelzen. Zu besonderen Anlässen streuen tibetische Mönche in mühevoller Kleinarbeit Mandalas aus fünffarbigem Sand. Dabei verwenden sie spezielle, kegelförmige Messingtrichter mit schmaler Öffnung. Bei der feierlichen Schlusszeremonie wird das Mandala diagonal, von den Ecken zum Zentrum hin, ausgewischt. Die Meditationskarte als Kunstwerk wird zum Ausdruck der Vergänglichkeit.

Es gibt übrigens auch rein geometrische Formen in den Weisheitsfarben; man spricht dann meistens von einem *yantra*. Diese

Formen sind im hinduistischen → Tantra beliebt. Im tibetischen Buddhismus werden Yantras als Amulette verwendet.

56 Frage

Wie schwingt Erleuchtung? – oder: Was ist ein **Mantra**?

Im → Diamantweg des nördlichen Buddhismus verwendet man in der → Meditation bestimmte Laute, heilige Silben bzw. Schwingungen; das sind Mantren. Wie die besondere Sitzhaltung (die Wirbelsäule ist gerade, das Kinn leicht zurückgezogen, die Beine sind im ›Diamantsitz‹ übereinander gekreuzt) die Ebene des Körpers betrifft und der innere Ablauf der Meditation (das Richten des Geistes auf → Buddhaformen oder das bloße Beobachten des Bewusstseins) die Ebene des Geistes umfasst, macht das Rezitieren der Mantren Erleuchtung auf der Ebene der Sprache erfahrbar. Die äußere Wahrheit, Erleuchtung als Wirklichkeit, wird durch den Laut mit der inneren Wahrheit, Erleuchtung als Anlage und Ziel, verbunden. Dabei werden den verschiedenen Eigenschaften und Tatbereichen verschiedene ›Keimsilben‹ beigelegt: ›Oṃ‹ ist beispielsweise die grundlegende Schwingung der Erleuchtung, Erleuchtungsaktivität wird durch ›Hūṃ‹ angedeutet usw. Jede Buddhaform oder → Yidam hat sein eigenes Mantra, das aus einer Kombination von Keimsilben besteht. Das bekannteste ist das Mantra des Mitgefühls der Erleuchtung, → Avalokiteśvara: ›Oṃ Maṇi Padme Hūṃ‹, ›Oṃ! Oh Juwel in der Lotusblüte! Hūṃ‹. In Tibet und Nepal findet es sich auf zahllosen drehbaren Metalltrommeln, so genannten ›Gebetsmühlen‹, Amuletten oder Steinen (Maṇi-Steine) eingraviert und schwingt so nach volkstümlicher, etwas bequemer Vorstellung von selbst. Wenn man die Mantren in der Meditation spricht, kann man zum Zählen ein Hilfsmittel verwenden: eine Meditationskette mit 108 Perlen (*Mālā*), auch etwas unglücklich ›buddhistischer Rosenkranz‹ genannt. Dadurch weiß man während der Meditation immer genau, wo man steht. *Mālās* aus Holz, Kernen, Kristall, Halbedelsteinen oder sogar Knochen (als Zeichen der Vergänglichkeit) bilden für viele Anhänger des tibetischen Buddhismus eine Art Erkennungszeichen.

57 Frage

Warum **meditieren** Buddhisten so viel?

Ganz einfach: Um erleuchtet zu werden.

→ Erleuchtung ist das Ziel der Buddhisten. Wenn man erleuchtet ist, hat man → Leiden, Verblendung und Nicht-Wissen sowie → Anhaftung, die triebhafte Bindung an alle Erscheinungsformen der Welt, hinter sich gelassen. Man ist dann imstande, anderen wirklich zu helfen. Darum meditieren Buddhisten. Im Buddhismus zählt ja nicht, was man glaubt, sondern das, was man tut und wie man mit dem, was geschieht, umgeht. Der historische → Buddha hat den Weg gewiesen (→ Achtgliedriger Pfad). Und Meditation ist das Kernstück dieses Weges.

In den verschiedenen → Schulen finden sich unterschiedliche Meditationsweisen. So wird z. B. im südlichen Buddhismus (→ Theravāda) und im → Diamantweg in der Meditation der → Achtsamkeit durch nicht-wertendes Beobachten des Entstehens und Vergehens von Gedanken und Gefühlen ein Zur-Ruhe-Kommen des Geistes erreicht. Ganz ähnlich wirkt im japanischen → Zen-Buddhismus die Sitzmeditation (*zazen*). Die Meditation auf → Buddhaformen ist dem nördlichen Buddhismus eigen und findet sich am ausgeprägtesten im tibetischen Diamantweg. Da Erleuchtung in jedem als Keim bereits vorhanden ist (s. → Buddhanatur), verspricht hier die meditative Einswerdung mit Eigenschaften und Tatbereichen der Erleuchtung den schnellsten Erfolg – zumindest, wenn man von einem geeigneten → Lehrer begleitet wird. Am Ende können auf diese Weise z. B. im

›Großen Siegel‹ (*Mahāmudrā*) → Leerheit und → Geist, Raum und Freude unscheidbar und unmittelbar erfahren werden.

›Meditieren‹ ist übrigens etwas ganz anderes als → beten. Menschen, die ihre Hoffnung auf eine äußere Macht setzen – → Gott oder Götter – beten. Menschen, die über menschliche Schwäche und Vergänglichkeit nachdenken und sich gedanklich auf etwas Höheres einstellen, sind christlich gesprochen in ›Kontemplation‹ versunken. Menschen, die vertrauen, dass Erleuchtung wirklich und erreichbar ist, meditieren.

Lit.: Hans Gruber: *Kursbuch Vipassanā*, Frankfurt: Fischer 1999.
Karmapa Wangchuk Dorje: *Mahamudra – Ozean des wahren Sinnes*, 3 Bde. Berlin: Theseus 1999.

58 Frage

Was hat Erleuchtung mit **Mitgefühl** zu tun?

Vereinfacht gesagt: Es kann keine → Erleuchtung ohne Mitgefühl geben.

Mitgefühl ist der beste Schutz vor dem gefährlichsten → Störgefühl, dem Hass (*dveṣa*). Wo Mitgefühl herrscht, kann Wut nicht bleiben. Verletzungen und Entäuschungen, die uns durch andere Menschen zugefügt werden, können so nicht neues → Leiden schaffen. Mitgefühl macht unverwundbar. Der Grundgedanke tätigen Mitgefühls wird in der berühmten → Lehrrede von der Güte (*mettā*) so ausgedrückt: *Mögen alle Wesen Glück und inneren Frieden haben*. Diese Schrift des → Pāli-Kanons (u. a. im *Suttanipāta* 1, 8) wird von den Mönchen des → Theravāda (südlichen Buddhismus) bis zum heutigen Tag regelmäßig als Schutzgesang (*paritta*) rezitiert.

Mitgefühl und → Weisheit sind im → Mahāyāna (nördlichen Buddhismus) die wichtigsten Eigenschaften der Erleuchtung. Während Weisheit die Einsicht in die → Leerheit aller Dinge ist, die Erkenntnis, dass vom Standpunkt der höchsten → Wirklichkeit zwar Leiden existiert, aber niemanden, der leidet (s. → Nicht-Ich-Lehre), gebietet Mitgefühl, diesem letztlich eingebildeten Leiden bei allen Wesen ein Ende zu bereiten. Aus Mitgefühl verspricht der Erleuchtungssucher (→ Bodhisattva), nicht ins → Nirvana einzugehen, bevor nicht alle Wesen befreit sind.

Mitgefühl zeigt sich in den vier *apramāṇa*, ›unermesslichen Eigenschaften‹: allumfassende Liebe, Mitfühlen, Mitfreude und Gleichmut. Fast in alle → Meditationen des tibetischen → Diamantweg-Buddhismus werden diese vier Qualitäten mit folgendem Wunsch entwickelt:

Mögen alle Wesen das Glück haben und die Ursachen von Glück. Mögen sie frei sein von Leiden und den Ursachen des Leidens. Mögen sie stets glücklich sein, frei von Leiden. Mögen sie Gleichmut erfahren, ohne Anhaftung und Abkehr gegenüber allen, nah und fern.

Buddhistisches Mitgefühl ist also frei von persönlicher Zuneigung, es entsteht, weil es natürlich ist, spontan und ohne Vorbedingungen.

Die → Buddhaform, die erleuchtetes Mitgefühl ausdrückt, ist der Bodhisattva → Avalokiteśvara.

Lit.: Arnold Kotler (Hg.): *Mitgefühl leben. Engagierter Buddhismus heute*, Frankfurt: Fischer 1999.
Geshe Kelsang Gyatso: *Allumfassendes Mitgefühl*, Umkirch: Tharpa 1993.

59 Frage

Was meinte Buddha mit dem **Mittelweg**?

Der historische Buddha lebte in einer Zeit religiösen Verfalls, die durch Ausbeutung und leere Rituale gekennzeichnet war. Wie viele junge Männer zog er voller Ideale aus, um sein spirituelles Heil zu suchen. Er wählte dabei zunächst einen Weg, der in krassestem Gegensatz zum Reichtum stand, in dem er 29 Jahre lang gelebt hatte. In strengster → Askese brachte er seinen Körper zwar an den

Rand des Todes, kam seinem Ziel aber keinen Schritt näher. Darum entschied er sich für einen Mittelweg, einen Weg zwischen übertriebenem Wohlstand und Bequemlichkeit auf der einen und Selbstmarterung und Selbstquälerei auf der anderen Seite. Seine früheren Weggefährten, fünf Asketen, verlor er damit zwar zunächst. Nach der Nacht der → Erleuchtung konnte er sie aber zu seinen ersten Anhängern machen. Die erste Predigt, mit der er ›das Rad der Lehre andrehte‹, stellte der Lehre von den → Vier Edlen Wahrheiten vom → Leiden und dessen Überwindung den Gedanken vom ›Mittelweg‹ voran.

60 Frage
Was kennzeichnet einen buddhistischen **Mönch**?

Vor allem Vertrauen in den → Buddha, seine Lehren (→ Dharma) und die Gemeinschaft (→ Sangha).

Zu Buddhas Zeiten war die Stiftung eines Mönchsordens das geschickteste Mittel, um möglichst viele Menschen wirksam zu erreichen und auf den Weg zur → Erleuchtung zu bringen. Entsprechend dem → Achtgliedrigen Pfad boten die Mönchsregeln ein Gerüst für die befreiende Lebenshaltung (→ Ethik), für die rechte → Achtsamkeit und → Meditation. Mönche befolgen traditionell zehn Sittenregeln (*śila*) 1. Nicht töten, 2. Nicht stehlen, 3. Sexuelle Enthaltsamkeit, 4. Nicht lügen, 5. Keine Drogen/Alkohol, 6. Nicht mehr nach 12 Uhr essen, 7. Keine Feste, 8. Kein Schmuck, 9. Keine bequemen Betten, 10. Kein Geldbesitz. Ursprünglich verblieben die Mönche nur während der Regenzeit in Klöstern und zogen in der übrigen Zeit des Jahres herum. Ihren Lebensunterhalt verdienten sie mit Betteln, wobei die Möglichkeit, einen Mönch zu speisen, für einen → Laien eine verdienstvolle Gelegenheit darstellte, gutes → Karma anzusammeln. Ferner sind → Frauen und Laien traditionell im südlichen Buddhismus (→ Theravāda) den männlichen Mönchen untergeordnet: Eine Frau muss erst als Mann, ein Laie erst als Mönch wiedergeboren werden, bevor sie/er Erleuchtung erlangen kann. Die Reformbewegungen der letzten Jahrhunderte halten an dieser Auffassung, die letztendlich Buddhas Lehre widerspricht, ebenso wenig fest, wie schon seit 2000 Jahren die meisten Schulen des nördliche Buddhismus (→ Mahāyāna). Auch wenn im Laufe der Geschichte Mönche immer wieder politische Macht ausgeübt haben und über Land und wirtschaftliche Grundmittel verfügten, wird in den Mönchsorden der heutigen buddhistischen → Schulen noch stets am Ideal der Armut festgehalten; allerdings lebt nur noch ein Teil als Bettelmönch. Im modernen Theravāda verbleiben Mönche oft als Lehrer, Arzt und Lebensberater in Dörfern oder engagieren sich in sozialen Projekten, wie z. B. in Thailand in Hospizen für Aidskranke. Das Kloster als Ort der Meditation und des Studiums ist im nördlichen Buddhismus das Zentrum des Mönchslebens.

Gegen den Widerstand der männlichen Gemeinschaft hatte der Buddha auch einen Nonnenorden gestiftet; männliches Misstrauen legte den Frauen besonders strenge Regeln auf. Der Nonnenorden besteht zwar nur noch im Mahāyāna in ungebrochener Linie, seit dem letzten Jahrhundert wird er aber auch im südlichen Buddhismus wiederbelebt.

61 Frage

Welche Gesten macht ein Buddha? – oder: Was sind **Mudrās**?

Wenn wir Abbildungen des historischen → Buddha Śākyamuni oder von Aspekten der Erleuchtung (→ Buddhaformen) betrachten, fällt uns die besondere Handhaltung der Figuren auf. So eine bedeutungsvolle Geste heißt Mudrā. In der ganzen indischen Kultur, sowohl in der bildenden Kunst als auch im Tanz, drücken diese

Gesten verschiedene Eigenschaften, Einstellungen oder Absichten aus. Im Buddhismus beziehen sich diese Mudrās auf das Leben des Buddha oder auf Tatbereiche der Erleuchtung. Was bedeuten diese Mudrās nun? Wenn Buddha z. B. als weltentsagender Mönch mit einer Almosenschale dargestellt wird, ist dies sofort für alle einleuchtend. Die meisten Gesten sind aber weniger offensichtlich, beispielsweise wenn Buddha die Erde mit seiner rechten Hand berührt; dieses Bild ruft die Nacht der Erleuchtung ins Gedächtnis, in der er die Erdgöttin als Zeugin gegen die Anschuldigungen Māras, der buddhistischen Versuchergestalt, anruft (s. → Teufel). Wenn er die Hände vor der Brust dreht, wobei Daumen und Zeigefinger einen Kreis bilden, steht dies für das ›Andrehen des Rades der Lehre‹, das Verkünden der grundlegenden Lehre in der ersten Predigt bei Benares (s. → Vier Edle Wahrheiten). Besonders bei den Buddhaformen des nördlichen Buddhismus, → Mahāyāna und → Diamantweg, findet sich noch eine Unzahl weiterer Handstellungen, wie ›Lehren‹: Hand in Herzenshöhe, Innenfläche nach vorne, Daumen und Zeigefinger zusammen; ›Schutz‹: Handfläche am Herzen nach vorne; ›Wunschgewährung‹ (*varada-mudrā*): Handinnenfläche gedreht am Schenkel nach vorne.

Die Mudrā der Versenkung (*dhyāni-mudrā*: Hände flach im Schoß, die rechte auf der linken, die Daumen berühren sich leicht) wird besonders im tibetischen Buddhismus und im japanischen → Zen bei der → Meditation verwendet. Bei der verbreitetsten Meditationsstellung im Diamantweg legt man die Hände einfach entspannt mit den Innenflächen nach unten auf die Oberschenkel.

62 Frage

Stimmt es, dass **Nāgārjuna** der wichtigste Philosoph des Buddhismus ist?

Ja, das kann man so sagen. Wenigstens vom Standpunkt des nördlichen Buddhismus (→ Mahāyāna und → Diamantweg) aus betrachtet.

Nāgārjuna lebte im 1. oder 2. Jh. und gilt als Begründer einer systematischen Philosophie der → Leerheit (*Madhyamaka*). Dabei stützte er sich vor allem auf die Texte der ›Höchsten Weisheit‹, *Prajñāpāramitā*. Tatsächlich soll er der Legende nach diese Texte von den Schlangengeistern (Nāgā) in deren Unterwasserreich empfangen haben. Daher sein Name, ›Arjuna (ein indischer mythischer Held) unter den Schlangengeistern‹. Die Tiefe und Klarheit seiner Werke sichern ihm in der Tat den ersten Platz unter den Philosophen zu; durch ihn kamen die buddhistischen Lehren, die die Trennung von Innen und Außenwelt überwanden (Nicht-Dualismus), auch in die hinduistische Philosophie, den *Advaita-Vedānta*. In den meisten ostasiatischen → Schulen des Buddhismus gilt er als Patriarch (z. B. im → Zen als 4. indischer Patriarch). Auch in → Tibet verdankt der Buddhismus ihm entscheidende Impulse, obwohl er hier nicht immer von einem gleichnamigen späteren Mystiker unterschieden wird.

Nāgārjunas Hauptwerk sind die *Mādhyamakakārikā*, ein Lehrgedicht über das Prinzip der Leerheit als Basis der Wirklichkeit, als Essenz des Seins. In der *Ratnāvali*, ›Juwelenschnur‹, verdeutlicht Nāgārjuna diese Gedanken weiter; er wendet sich darin an einen königlichen Gönner und spricht auch die praktischen Folgen dieser Lehre für das politische Handeln an.

Lit.: Max Walleser: *Die Mittlere Lehre des Nāgārjuna*, Heidelberg 1992.
Bernhard Weber-Brosamer/Dieter M. Back (Hg.): *Die Philosophie der Leere. Nagarjunas Mulamadhyamakakarikas*, Wiesbaden: Harrassowitz 1997.

Frage 63

Gibt es mich gar nicht? – oder: Was besagt die **Nicht-Ich-Lehre**?

»Nicht bin ich, nicht werd' ich sein,
nichts ist mein, nichts wird es sein.«
Das ist der Toren Schreckensbild,
des Weisen aber Schreckensend'.

So dichtete vor beinahe 2.000 Jahren der große Philosoph des nördlichen Buddhismus (→ Mahāyāna), → Nāgārjuna (Ratnāvali 1, 26). Damit umriss er genau die Bedeutung des großen Paradox des Buddhismus, nämlich der Lehre, dass es zwar Leiden und Wiedergeburt gibt, aber niemanden, der leidet und wiedergeboren wird. Wie muss man sich das vorstellen? Alles, was geschieht, ist vergänglich, bedingt durch das Gesetz von Ursache und Wirkung (→ Karma). Das gilt auch für uns Personen, die wir nur momentan wahrnehmbar (›empirisch‹) sind, aber keine Eigennatur, kein ›Selbst‹, kein ›Ich‹ besitzen. Das nennt man die Lehre vom ›Nicht-Ich‹ (*anātman,* Pāli: *anattā*). Das wahre Wesen der Dinge ist die → Leerheit. ›Leer‹ meint frei von einem inneren, unbedingten Wesenskern, einer → Seele. Unsere Taten verursachen eine Kette von Folgen (Karma), die auch nach dem Tod einer empirischen Person weiterwirken, wie eine Töpferscheibe, die sich weiterdreht, wenn sie einmal angestoßen wurde, oder wie ein Dominosteinchen das nächste anstößt.

Die ›Ich‹-Illusion ist ein hartnäckiges Denkmuster. Wir unterscheiden uns von der Umwelt durch Gedanken wie ›Ich fühle …‹, ›Ich will …‹ usw. Somit erschaffen wir zunächst eine zweigeteilte (dualistische) Wahrnehmung, die wir dann durch → Anhaftung verstärken. Und so verstricken wir uns immer tiefer in die Werdewelt (→ *saṃsāra*). Das meint ›Verwirrtheit‹ als erste Bedingung der → Konditionalkette des Leidens. Dieses Leiden, das wir subjektiv erfahren, ist vom absoluten Standpunkt gesehen eine → Illusion. Auf unserer unerleuchteten Ebene ist es freilich sehr wirklich! Darum gebietet das → Mitgefühl, nach der Aufhebung des Leidens bei allen fühlenden Wesen zu streben.

Wie kann man die ›Ich‹-Illusion, das Ego besiegen? Mithilfe der → Meditation übt man die Einsicht in die Leerheit der Dinge. So kann man allmählich den Dualismus überwinden, d. h. einsehen, dass es letztlich keinen Unterschied zwischen ›Innen‹ und ›Außen‹, ›Ich‹ und ›Du‹ gibt; alles spielt sich auf einer leeren Leinwand ab. Wir können lernen, die Leinwand selbst zu betrachten, statt auf die vielen verschiedenen Filme, die dort gezeigt werden, zu achten. Statt zu denken »Ich genieße«, »Ich leide« sehen wir dann »Es gibt Genuss«, »Es gibt Leid«. Alles, was sich in unserem Geist abspielt, wird so zum Ausdruck unbegrenzter Möglichkeiten; alles ist gut, so wie es ist, nur weil es passiert.

64 Frage

Ist **Nirvana** einfach das Nichts?

Nein, auch wenn das ein nahe liegendes Missverständnis ist.

Für uns Menschen im Westen, die wir gewohnt sind, so viel Aufmerksamkeit unseren Eigenheiten, unserer persönlichen Geschichte, den eigenen Gefühlen und Gedanken zu schenken, kommt das Verlöschen all dieser individuellen Merkmale häufig einem Nichts gleich. Und nicht-spirituelle Menschen erwarten im Westen dann häufig mit dem Tod einfach das Eintreten in ein nicht genauer umschriebenes Nichts. Gegen diese Deutung von Nirvana hat sich der Buddha entschieden gewehrt:

Mich ... schmähen einige Wanderasketen und Brahmanen unwahr: ›Nihilistisch ist der Wanderasket Gotama, er verkündigt eines seienden Wesens Ausrotten, Vernichtung, Verschwinden‹. Das ... aber behaupte ich nicht. ... Sowohl früher als auch jetzt verkündige ich (die Lehre vom) Leiden und (die Lehre vom) Erlöschen des Leidens. (M. 22, i 140)

Wenn der → Buddha also von *nirvāṇa*, ›Verwehen‹ (Pāli *nibbāna*) sprach, meinte er damit Erlösung aus der Welt des Leidens (→ *saṃsāra*). Nirvana ist demnach ein Zustand, in dem die leidbringenden Ursachen verloschen sind, kein → Karma – also keine Gesetzmäßigkeit von Ursache und Folge – mehr existiert und es damit auch in letzter Folge die Person, die doch nur eine Illusion ist, und die sie ausmachenden → Daseinsfaktoren (*dharmas*) nicht mehr gibt.

Der Glaube an das Nichts aber gilt im Buddhismus als noch gefährlichere Falle, als der Glaube an die Wirklichkeit der Dinge:

Nicht ist freilich Nirvana *Nichtsein,*
geschweige denn Seinheit davon.
Seins- und Nichtseinsgedankenvernichtung
heißt Nirvana.

*Wenn einer sich weder auf Nihilismus noch auf Positivismus stützen will aufgrund der Erkenntnis, wie die Welt im Wesen ist [nämlich leer], aber aus Verblendungswahn (*moha*)° dem Nihilismus verfällt, warum nimmt er dann nicht (besser) den Positivismus an?* ° die tib. u. chin. Versionen lesen ›*dadurch*‹

(Nāgārjuna, Ratnāvali 1, 42 und 58)

Im südlichen Buddhismus (→ Theravāda) ist mit der → Erleuchtung das Nirvana (auch: ›kleine Nirvana‹) erreicht: In der Nachfolge des Buddha hat der Praktizierende Erlösung verwirklicht und ist zum → Arhat, ›Würdigen‹, geworden. Während sein Geist befreit ist, hält sein ›Rest‹-Karma den menschlichen Körper noch so lange zusammen, bis alle Folgen aus früheren Taten abgewickelt sind. Dann stirbt er und geht ins ›Große, völlige Verwehen‹ (*Mahāparinirvāṇa*) ein, wie der historische Buddha vor ihm. Dieses endgültige Nirvana ist dann ein Zustand jenseits von Sein und Nichtsein. Es ist das Ruhen im absoluten Moment.

Für den nördlichen Buddhismus (→ Mahāyāna) dagegen sind Leiden und Erlösung, → *saṃsāra* und Nirvana, im Lichte der höchsten Wahrheit gleich. In ihren Eigenschaften sind beide → Leerheit, in ihren Möglichkeiten absolutes Gewahrsein, → Geist. Leidenswelt und Befreiung fallen hier also letztlich zusammen. Nirvana als Heilsziel des Einzelnen wird abgelöst durch die Erkenntnis der Leerheit und das liebende Wirken des Erleuchtungsstrebenden (→ Bodhisattva) zum Wohle und letztendlich zur Befreiung aller Wesen. Das Absolute jedoch – Leerheit/Raum oder Geist – ist nach den Lehren des Buddhismus → Tibets als Offenheit und Freude in der Meditation unmittelbar erfahrbar (*Mahāmudrā*).

65 Frage

Warum hat Tibet einen ›zweiten Buddha‹? – oder: Wer ist **Padmasambhava**?

Padmasambhava (tib. padma `byung gnas, ›Pema Dschungnä‹), ›der, dessen Entstehung der Lotus ist‹, hat im 8. Jh. den Buddhismus endgültig aus Indien nach → Tibet gebracht und wird dort darum als ein ›zweiter Buddha‹ verehrt. Die meisten Tibeter nennen ihn einfach ›Guru Rinpoche‹, ›Lehrer Juwel‹; im tibetischen Buddhismus gilt er als Ausstrahlung → Avalokiteśvaras, der den Erleuchtungsaspekt des → Mitgefühls verkörpert. Die ›Schule der Alten‹, die Nyingmapas, führt sich unmittelbar auf Padmasambhava zurück.

Der Legende nach ist er im mythischen Land Ödschen in einer Lotusblume zur Welt gekommen. Durch seine überragenden mystischen Fähigkeiten habe er zahllose Dämonen, die dem Buddhismus feindlich gegenüberstanden, bezwungen und zu → Beschützern des → *dharma,* der Lehre gemacht. Darum wählen Anhänger aller großen Schulen des tibetischen Buddhismus Padmasambhava zu ihrem persönlichen Meditationsaspekt (→ Yidam). Unzählige Male wiederholen sie sein kraftvolles → Mantra und das ›Diamantene Sieben-Vers-Gebet‹: *Du, der du in Nord-West Ödschen / im Herzen einer Lotosblume / die wunderbarste Verwirklichung erlangtest / und berühmt bist als Padmasambhava / und umringt durch ein Gefolge von vielen ›Himmelswandlerinnen‹ (ḍākinīs): / Ich verspreche, Dir nachzufolgen! / Bitte segne mich! / /*

P. soll zusammen mit seiner tantrischen Partnerin Yeshe Tsogyal zahllose Geheimlehren verfasst haben, die er als verborgene Schätze

(Termas) der Nachwelt zur Auffindung überließ. Das bekannteste Terma ist das so genannte ›Tibetische Totenbuch‹, das die Nyingmapas im 14. Jh. entdeckten. In ihm wird das Erlangen der Erleuchtung im Zwischenzustand (*bar do*) zwischen Sterben und Wiedergeburt dargelegt. Besonders die Schilderung der psychisch-geistigen Vorgänge des Sterbeprozesses und die archetypische Symbolik des Werkes haben großes Interesse auch in nicht-buddhistischen Kreisen gefunden.

Lit.: Yeshe Tsogyal: *Der Lotosgeborene im Schnee. Wie Padmasambhava den Buddhismus nach Tibet brachte*, Frankfurt: Fischer 1996.
Francesca Freemantle/Chögyam Trungpa: *Das Totenbuch der Tibeter*, München: Diederichs [17]1995.

66 Frage

Welche Heiligen Schriften umfasst der **Pāli-Kanon**?

Der Pāli-Kanon umfasst die Lehre Buddhas, den → *dharma*, nach der Tradition des südlichen Buddhismus (→ Theravāda). Benannt ist er nach der Sprache, in dem er abgefasst ist: dem Pāli. Pāli ist eine mittelindische Sprache, die der Mundart sehr ähnlich war, in der der historische → Buddha gelehrt hat.

Der Pāli-Kanon ist in drei Abteilungen, so genannten ›Körben‹, (*piṭaka*) eingeteilt. Der erste Korb betrifft die Mönchsregeln (*vinaya*), deren Kernstück die *Pātimokkhasutta* bildet. In der alten → Beichtfeier der Gemeinde wurde anhand dieses Textes die Reinheit des Ordens festgestellt. Im zweiten Korb sind die → Lehrreden (*sutta*) des Buddha gesammelt. Diese sind wiederum in Gruppen (*nikāya*) zusammengefasst: Die Gruppe der ›langen‹, ›mittleren‹, ›zusammengehörigen‹, ›angereihten‹ und ›gemischten‹ Lehrreden (*Dīgha-*, *Majjhima-*, *Saṃyutta-*, *Anguttara-* und *Kuddaka-Nikāya*). Unter den Schriften der letzten Gruppe sind herrliche Dichtungen, wie das *Dhammapada* (›Pfad der Lehre‹), aber auch eine große Sammlung von → Vorgeburtslegenden (*jātaka*). Der dritte Korb umfasst die jüngsten Lehren, die philosophischen Erläuterungen der Lehre, dem *Abhidhamma*. Sie stellen die eigentliche große denkerische Leistung des Theravāda dar.

Die Entstehung des Pāli-Kanons geht letztlich auf das erste → Konzil in Buddhas Todesjahr zurück, aufgeschrieben wurden die Belehrungen aber erst in Ceylon (Sri Lanka) gegen Ende des 1. Jh. v. u. Z. Über die Grenzen des südlichen Buddhismus hinaus ist diese Sammlung wegen ihrer Vollständigkeit für alle → Schulen bedeutend. Denn jede Schule des Buddhismus stellte zur gegebenen Zeit einen Kanon von heiligen Schriften zusammen, aber nur wenige Schriften blieben in den ursprünglichen, indischen Sprachen bewahrt, viele Versionen kennen wir nur aus Übersetzungen ins Chinesische und Tibetische.

Lit.: *Buddhas Reden. Majjhimanikaya* (übers. Kurt Schmidt), Leimen: Kristkeitz 1989.
Gautama Buddha: *Die vier edlen Wahrheiten. Texte des ursprünglichen Buddhismus* (übers. Klaus Mylius), München: dtv 1985 u.ö.
Buddha: *Auswahl aus dem Pali-Kanon* (übers. Paul Dahlke), Wiesbaden: Fourier [2]1994.
Die Lehrreden des Buddha aus der Angereihten Sammlung. Anguttara-Nikāya (übers. Nyanatiloka), 5 Bde. Braunschweig: Aurum 1984.

67 Frage

Haben Buddhisten **Pilgerorte**?

Ja, für Buddhisten sind die Stätten besonders wichtig, an denen der historische → Buddha gewirkt hat. Sie halten die Erinnerung an das Wirken des großen Lehrers ebenso wach, wie sie Zeugnis davon ablegen, dass → Erleuchtung wirklich und möglich ist.

Diese Orte von Buddhas Wirken liegen alle im heutigen Nepal und Indien und wurden spätestens im 3. Jh. v. u. Z. zu Stätten der Verehrung, was die Reste von Bauten (Klöster und Reliquienschreine, → Stūpas) dieser Epoche, der Maurya-Zeit, bezeugen. Vier ›große Pilgerorte‹ gibt es:

Zunächst ist da Buddhas Geburtsort Lumbinī in Nepal. Hier erblickte er der Überlieferung nach als Siddhārtha Gautama, Sohn des Königs Śuddhodana aus dem Śākya-Geschlecht und dessen Kusine und Hauptgattin Māyā in einem Hain das Licht der Welt.

Daneben nimmt zweifellos der Ort der Erleuchtung eine besondere Stellung ein: Am Ufer des Nairañjanā-Flusses, in einem Wald bei der Soldatensiedlung Urubilvā im alten Königreich Magadha stand jener Pappelfeigenbaum, unter dem Siddhārtha zum Buddha, dem ›Erwachten‹, wurde. Ein Nachkömmling dieses Baumes steht hier noch immer, im heutigen Bodh-Gayā. Pilger aller buddhistischen → Schulen kommen jedes Jahr zu Tausenden an diesen heiligen Ort.

Die erste Predigt von den → Vier Edlen Wahrheiten hielt Buddha im Wildpark Ṛṣipatana (Pāli: Isipatana), im heutigen Sārnāth bei Benares. Es zählt inzwischen zu den eindruckvollsten archäologischen Stätten des Buddhismus.

Buddhas Eintritt ins endgültige → Nirvana wird am Rande der Stadt Kuśinagara (Pāli: Kusināra), dem heutigen Kasia gedacht. In einem Wald von Śāla-Bäumen wurde er geboren, unter Śāla-Bäumen ging er hier aus der Welt des → Leidens.

Neben diesen vier Hauptorten gibt es noch vier weitere besondere Pilgerziele: Rājagṛha, den Ort höchster Belehrungen; Vaiśāli, wo der Affenkönig dem Buddha Honig brachte; Sāṃkāśya, wo der Buddha aus dem Himmel der 33 Götter wieder hinabstieg, nachdem er dort seiner Mutter das Gesetz gepredigt hatte; und schließlich Buddhas bevorzugter Aufenthaltsort während der Regenzeit: der ›Hain des Prinzen Jeta‹ (*jetavana*) in Kośalas alter Hauptstadt Srāvastī (Pāli: Sāvatthi), den ein glühender Laienbekenner, der Kaufmann und Bankier Anāthapiṇḍika zur Verfügung gestellt hatte; hier entstand das erste buddhistische Kloster, dessen Ruinen noch heute zu sehen sind.

Lit.: Hans Wolfgang Schumann: *Auf den Spuren des Buddha Gotama – Eine Pilgerfahrt zu den historischen Stätten*, Olten: Walter 1992.

68 Frage

Was steht in den **Prajñāpāramitā-Sūtras**?

Der Name *Prajñāpāramitā* bedeutet ›Höchste Weisheit‹, und genau das ist der Inhalt der Sūtras. Diese mystisch-meditativen Schriften des nördlichen Buddhismus (→ Mahāyāna) tauchten zuerst im 2. Jh. v. u. Z. auf und erlangten schnell größte Bedeutung in der buddhistischen Philosophie. Besonders → Nāgārjuna und seine systematische Philosophie der → Leerheit (*Madhyamaka*) fußen auf den Gedanken der *Prajñāpāramitā*-Texte. In ihrem Zentrum steht die Lehre von den zwei → Wirklichkeiten, der gerade wahrnehmbaren, illusionshaften Welt und der absoluten Wahrheit. Mit dieser Lehre wurde das große buddhistische Paradox von der → Wiedergeburt ohne → Seele gelöst. Dieser schwierige Lehrsatz besagt z. B., dass es zwar → Leiden gibt, aber niemanden der leidet. Alles ist letztendlich leer. Was auf der bedingten Ebene als wirklich erscheint, z. B. das Selbst, die Persönlichkeit, ist vom Standpunkt der höchsten Wahrheit gesehen ohne Eigennatur.

Die *Prajñāpāramitā-Sūtras* sind in verschiedenen Versionen überliefert, als älteste und ursprünglichste gilt die ›Fassung in 8.000 Versen‹, aber auch eine Fassung in 100.000 Versen ist bewahrt! Zu den verbreitesten Versionen zählt das Diamant-Sūtra (*Vajracchedikā-Sūtra*, eigentlich ›Diamantspalter-Sūtra‹) und das → Herz-Sūtra, das die Lehren der Höchsten Weisheit auf wenige Verse einkürzt.

Prajñāpāramitā ist auch als Verkörperung der Lehre dieser Schriften eine → Buddhaform, die als Ausstrahlung der weiblichen ›Befreierin‹ → Tārā gilt.

Lit.: Thich Nhat Hanh: *Das Diamant-Sutra*, Berlin: Theseus [2]1996.

69 Frage

Was wusste Buddha von **Quantenphysik**?

Nun, Buddha lehrte keine physikalischen Formeln! Aber im Gegensatz zum Christentum, das sich aus Gründen der Machterhaltung immer wieder gegen die Erkenntnisse der Forscher mit Bann und Scheiterhaufen zur Wehr gesetzt hat, war dem Buddha nie an der Verkündigung endgültiger Wahrheiten über das Wesen dieser Welt gelegen. Ihm ging es nur darum, den Menschen einen Weg aus dem Leiden zu zeigen. Wenn Sie in buddhistischen Schriften ein Weltbild verwendet finden, das modernen Erkenntnissen nicht standhält, betrachten Sie diese Aussagen als indische Folklore und Symbolik und halten Sie sich ansonsten an die modernen Theorien!

Wenn Sie allerdings fragen, ob Buddhismus mit moderner Naturwissenschaft vereinbar ist, können wir getrost antworten: Ja, bestimmt! Buddhistische Kernbegriffe wie → Leerheit, → Geist, Ursache und Wirkung (→ Karma) und auch die Vorstellung, das etwas zugleich existiert und auch nicht – all diese gewinnen durch die Fortschritte der Naturwissenschaft geradezu atemberaubende Dimensionen.

Die beiden Pfeiler der modernen Physik, Planck-Heisenbergs Quantenphysik und Einsteins Relativitätstheorie, bestätigen letztlich die uralten buddhistischen Lehren: Vereinfacht gesagt zeigt die Quantenphysik, dass Materie nicht fest ist, sondern die starre äußere Form aus Energie und Bewegung entspringt. So kann man nie Ort und Zeit zur gleichen Zeit messen oder exakt angeben – die Welt, wie wir sie erleben, ist ein Widerspruch! Die Relativitätstheorie wiederum zeigt, dass nichts in Zeit und Raum unabhängig vom Betrachter geschieht. Mehr noch: Beobachter und Bezugssystem beeinflussen vielmehr den Ausgang einer Messung, bzw. legen diesen unter bestimmten Umständen selbst fest (vgl. das bekannte Paradox von ›Schrödingers Katze‹: Um feststellen zu können, ob die Katze in einer Schachtel umgeben von Giftgas noch lebt, muss man die Schachtel öffnen, wodurch die Katze wegen des Giftgases sicher tot ist, wenn man sie betrachtet). Auch sind Raum und Zeit unter bestimmten Umständen austauschbar.

Auch der Buddhismus betrachtet die Welt genau unter diesen Aspekten der Veränderung, Bewegung, d. h. Vergänglichkeit und Illusionshaftigkeit. Wie bei Schroedingers Katze ergründen unsere geistigen Konzepte diese Welt nicht, sondern erschaffen sie! Auch wenn die Welt, wie wir sie sehen, in unserem Empfinden wirklich ist – unser Kopf schmerzt, wenn wir gegen die Wand laufen! – , ist sie letztlich nur das Ergebnis des Bewusstseins, sie existiert nur als Spiel des Geistes. In der Sicht der großen philosphischen Schulen des nördlichen Buddhismus wird das Absolute entweder als Leerheit oder Geist beschrieben. Das stimmt also mit moderner Physik perfekt überein: Alles ist Geist. Geist ist Leerheit in seiner Essenz, Offenheit in seiner Möglichkeit, Energie und Information in seiner Gestaltung. Erleuchtung ist dann das Erkennen des Geistes, d. h. der Leinwand, auf der sich der Film unseres Lebens abspielt.

70 Frage
Gibt es ein buddhistisches Paradies? – oder: Was ist ein **Reines Land**?

Manchmal liest man in Übersetzungen von buddhistischen Schriften das Wort ›Paradies‹. Gemeint wird dann meistens ein so genanntes Reines Land, ein Buddhareich. Besonders im nördlichen Buddhismus (→ Mahāyāna und → Diamantweg) gibt es die Vorstellung eines geistigen Ortes, bzw. Zustandes, der jenseits der Welt des Leidens (→ *saṃsāra*) liegt, aber nicht mit dem Erlöschen (→ Nirvana) gleich ist. So ein Reines Land wird durch das Kraftfeld eines → Buddha oder → Bodhisattva als Ausdruck der allen innewohnenden Erleuchtung »geschaffen«. Ein Reines Land ist durch Meditation erreichbar, ja, durch Meditation verändert der Übende allmählich seine eigene Umwelt in so ein Reines Land: Gedanken werden höchste Weisheit, Geräusche Weisheitstöne, alle Wesen sind Buddhas. Wer hier wiedergeboren wird, entwickelt sich frei von den Gefahren der Werdewelt hin zur Erleuchtung. Im Gegensatz zum christlichen oder islamischen Paradies ist ein Reines Land im Buddhismus also kein endgültiges Heilsziel, sondern eine spirituelle Zwischenstation. Obwohl im südlichen Buddhismus die Vorstellung von Reinen Ländern nie ausgearbeitet wurde, ist der Gedanke auch dort zu finden, z. B. in *Visuddhimagga* 414. Manchmal wird in → Lehrreden folkloristisch vom ›→ Himmel‹ als Heilsziel gesprochen:

So gut, Mönche, habe ich die Lehre dargelegt ..., dass alle, die genug Vertrauen zu mir haben ... den ›Himmel‹ erzielen werden. (M. 22 i 142)

Da die Geburt in einem Götterhimmel zwar als angenehm gilt, aber nicht zur Befreiung und Erleuchtung führen kann, ist dann damit ein Reines Land gemeint.

Besondere Bedeutung haben Buddhareiche jedoch im Buddhismus → Tibets und → Japans. Vor allem das ›Westliche Reine Land‹, *Sukhāvatī* (›Glücksheim‹), ist die Hoffnung vieler Gläubiger. Der rote ›Buddha des grenzenlosen Lichtes‹ (*Amitābha*, tib. *'od dpag med*, ›Öpame‹, jap. *Amida*) hat in unermesslichem Mitgefühl dieses geistige Reich besonders einfach zugänglich gemacht: Man braucht nur Vertrauen zu ihm, dann gelangt man dorthin. Übt man eine spezielle Meditation (*pho ba*) im Moment des Todes, wird man nach Lehre der alten tibetischen Schulen dort wiedergeboren. Für den Eintritt in das Reine Land reicht das Anrufen seines Namens in der Formel ›*Namu-Amida-butsu*‹ ›Verehrung dem Buddha Amida‹ im japanischen ›Reinen-Land-Buddhismus‹ (*Jôdô-Shinshū* und *Jôdô-Shū*), der darum auch ›→ Amida-Buddhismus‹ genannt wird.

71 Frage

Ist der Buddhismus überhaupt eine **Religion**?

Ja, ohne Zweifel. Buddhismus ist mehr als eine Lebenssicht, man muss schon von einer Religion sprechen. Aber Buddhismus ist kein Glaube in dem Sinne, dass es ein starres Gebäude von wahren Glaubenssätzen oder Geboten gäbe.

Im Allgemeinen kann man von zwei Arten von Religionen sprechen: Glaubensreligionen und Erfahrungsreligionen. Im Judentum, Christentum und Islam, den Religionen, die in Abraham ihren Stammvater sehen und die man darum auch ›abrahamitische Religionen‹ nennen kann, steht der Glaube an einen → Gott im Mittelpunkt. Dieser wird als äußere Macht erlebt, er verlangt Glaubenstreue, bestimmtes Verhalten und im Falle von Christentum und Islam leider auch Verbreitung des Glaubens, also Mission, was oft genug mit religiöser Intoleranz einhergeht. Aus Gottes Gnade und/oder Gerechtigkeit erwartet der Mensch im Gegenzug dazu Erlösung: Belohnung im Jenseits. Es handelt sich also um eine Art Vertrag.

Der Buddhismus versteht sich dagegen als Erfahrungsreligion, entscheidend ist nicht, was man glaubt, sondern was man tut und erfährt. Der → Buddha lehrte einen ganz handfesten Weg zur → Erleuchtung. → Buddhist ist man, wenn man auf Buddhas Weg Erleuchtung sucht.

72 Frage

Was meint ***saṃsāra***?

Saṃsāra kann man wörtlich mit ›Zustand des Wanderns‹ übersetzen. Gemeint ist damit die Verstrickung in die bedingte Welt, die Welt der immer wiederkehrenden → Wiedergeburt. Im Gegensatz zu den hinduistischen Vorstellungen geht der Buddhismus dabei nicht von einer persönlichen Wiedergeburt aus, sondern von einer → Konditionalkette von Bedingungen, die als persönlich wahrgenommen werden (→ Nicht-Ich-Lehre). Die Illusion eines ›Ich‹ führt zu Bewusstseinseindrücken, deren Folgen über das Aufhören einer vorgeblichen (›empirischen‹) Person reichen und so eine neue Existenz bedingen, wie bei einem fallenden Dominosteinchen; oder anders ausgedrückt, wie die Mündung eines Flusses, die Zeugnis ablegt von der Quelle, durch diese bedingt ist und sie in sich trägt, ihr aber nicht gleich ist. Nach der Kernlehre der → Vier Edlen Wahrheiten ist → Leiden das Hauptmerkmal des *saṃsāra*. Dieses wird durch die Begierde, den ›Durst‹, verursacht. Befreiung bedeutet das Verlöschen dieser Begierde, das Aufhören der Gesetzmäßigkeit von Ursache und Wirkung, (→ Karma), die → Erleuchtung.

73 Frage

Ist der **Sangha** die buddhistische Kirche?

Nein. Eine Kirche gehört ihrem Namen nach (griechisch *kyriake*) einem ›Herrn‹, einem → Gott zu. Buddhisten glauben an keinen Gott, der sie rettet, Buddhisten vertrauen auf → Erleuchtung.

Der → Buddha rief eine Gemeinschaft von Menschen ins Leben, die seinem Pfad folgen wollten; das ist es, was *saṃgha* bedeutet: ›Versammlung‹, ›Gemeinschaft‹. In alter Zeit war das vor allem der Orden der → Mönche; erst allmählich setzten → Laien und → Frauen ganz nach dem Willen Buddhas ihre Rechte innerhalb der Gemeinschaft durch. Heute sind sie beinahe überall ganz selbstverständlich gleichberechtigt. Jeder, der seine → Zuflucht zum Buddha, dem → *dharma* (seinen Lehren) und der Gemeinschaft nimmt und Erleuchtung anstrebt, ist Teil der Sangha.

Im nördlichen Buddhismus (→ Mahāyāna) versteht man unter der ›verwirklichten Sangha‹ alle mitfühlenden Erleuchtungswesen – die → Bodhisattvas, die zum Wohle aller noch nicht ins → Nirvana eingetreten sind. Sie sind Helfer und Geleiter auf dem Weg.

74 Frage

Wie verhalten sich die buddhistischen **Schulen** zueinander?

So wie jeder Mensch anders ist, so ist auch der Weg zur Erleuchtung für jeden verschieden. Aus diesem Grund gibt es so viele verschiedene buddhistische Richtungen: Alle bewahren Buddhas Wort, alle bieten einen praktischen Weg zur Befreiung. Allgemein gilt: Buddhistische Schulen bekämpfen sich nicht, sie ergänzen sich. Keine Schule erhebt den Anspruch auf Ausschließlichkeit. Im Buddhismus geht es nicht um Glauben, sondern um Erfahrung. Wenn man Buddhismus praktizieren will, sollte man die Schule wählen, die einem gut tut.

Natürlich hat der Buddhismus auch eine lange geschichtliche Entwicklung durchgemacht. Es gab → Konzile, Schulgründungen und manchmal auch Gezänk zwischen den verschiedenen Richtungen. Viel häufiger jedoch haben verschiedene Schulen friedlich mit- und nebeneinander gelebt und gelehrt, wie z. B. im 5./6 Jh. in der großen buddhistischen Universität Nālandā in Nordindien. Die Unterschiede der Schulen lagen dabei seltener auf der Ebene von Lehrmeinungen, als auf der unterschiedlichen Betonung von Elementen aus Buddhas Lehre bzw. deren Umsetzung. Generell kann man von drei verschiedenen Ansätzen reden, dem → Theravāda, dem → Mahāyāna und dem → Diamantweg:

Der Buddha lehrte 45 Jahre lang und gab nach indischer und tibetischer Tradition 84.000 verschiedene Belehrungen. Dabei richtete er sich nach den Bedürfnissen der jeweiligen Schüler. So bot er mit seinen Belehrungen zu Ursache und Wirkung (→ Karma) vielen Menschen einen Weg aus dem Leiden. Diese Lehren wurden besonders im südlichen Buddhismus, dem Theravāda, weitergegeben. Ein anderes Mal zeigte der Buddha, wie man mit → Mitgefühl und Weisheit für andere nützlich sein kann. Diese Lehren werden besonders im nördlichen Buddhismus, dem Mahāyāna, betont. Schließlich zeigte er auch, dass alle Wesen die → Buddhanatur haben, also dass Erleuchtung in jedem bereits vorhanden ist, dass wir alle bereits Buddhas sind, ob wir es nun wissen oder noch nicht. Diese Lehren bewahrt besonders der Diamantweg, das Vajrayāna.

Lit.: Künzig Shamar Rinpoche: *Die drei Yanas*, Sulzberg: Joy 1981.

75 Frage

Glauben Buddhisten an eine **Seele**?

Nein!

Das mag zunächst überraschend klingen und zur Frage führen: Wie kann es dann → Wiedergeburt geben ohne Seele? Das hängt mit dem Gesetz von Ursache und Wirkung (→ Karma) zusammen. Unsere Taten, Worte und Gedanken haben Folgen und wie Dominosteinchen stößt die eine Existenz die andere an. Wenn wir einen Fluss von ferne betrachten, kommt er uns fest und beständig vor. Von der Nähe gesehen sind da nur unzählige, verschiedene Wassermoleküle, die den Anschein einer Einheit bilden. Das eine schiebt das andere. Eine Eigennatur des Flusses ist nicht zu entdecken. Ebenso verhält es sich bei uns mit einer Seele, einem Selbst, einem ›Ich‹ – es existiert nicht. Was existiert, sind nur gerade wahrnehmbare (empirische) Personen, die durch eine Vielzahl sich stets verändernder Einzelfaktoren (*dharmas*, → Daseinsfaktoren) bedingt sind. Diese → Nicht-Ich-Lehre bildet eine der wichtigsten

Grundlagen des Buddhismus. Der Buddha setzte sich mit dieser Lehre deutlich von den Ansichten seiner Zeit ab, vor allem von den indischen ›Geheimlehren‹, den Upaniṣaden.

Lit.: Herbert Günther: *Das Seelenproblem im älteren Buddhismus*, Konstanz 1949.

76 Frage

Glauben Buddhisten an die **Selbsterlösung**?

Dies wird Buddhisten besonders von Christen häufig vorgehalten. Buddhismus wird dadurch als etwas Egoistisches, Hochnäsiges hingestellt. Dabei ist dieser Vorwurf für einen Buddhisten besonders absurd: Buddhisten glauben ja überhaupt nicht an ein Selbst, eine → Seele! Die Wahrnehmung einer Person, eines ›Ichs‹ ist vielmehr eine Illusion, die es zu überwinden gilt, wenn wir nicht tiefer und tiefer in die Welt des Leidens (→ *saṃsāra*) verstrickt werden wollen.

Als Buddhist glaubt man nicht an die Selbsterlösung, sondern sucht die Erlösung vom Selbst! Das ist das Gegenteil von Egoismus. Buddhisten suchen Befreiung vom Leiden – zum Wohle aller Wesen, nicht nur für sich selbst. Nehmen wir das Bild des Ozeans, an dessen Oberfläche ein Sturm gewaltige Wellen aufwirft, während sein Wesen, die Tiefe des Meeres, unberührt bleibt. Was nützt es dann, wenn eine einzige Welle zur Ruhe der Tiefe zurückkehrt, wenn der Sturm weiter tobt? So nützt es wenig, wenn die Ich-Illusion nur bei einem empirischen Wesen aufhört – der Kreislauf des Leidens im Ganzen ist so noch nicht gebrochen. Darum strebt der Übende im nördlichen Buddhismus (→ Mahāyāna) danach, ein → Bodhisattva zu werden, ein ›Erleuchtungswesen‹, das anderen zur Befreiung hilft. Freilich unterscheidet sich christliche und buddhistische Nächstenliebe beträchtlich. Im Christentum hat man ein einziges Leben, über das ein → Gott am Ende richtet. Im Buddhismus schafft man durch Taten, Worte und Gedanken seine eigene Zukunft, das → Karma zwingt einen in immer neue Wiedergeburten, bis man dem Kreislauf des → Leidens entfliehen kann. Darum hat das Verbessern von Lebensbedingungen im Buddhismus eine minder große Bedeutung, als das Verbessern von Geistesbedingungen. Natürlich finden Buddhisten soziale Gerechtigkeit ebenfalls wichtig. Wie sollen Menschen sich weiterentwickeln, wenn sie hungern? Aber irdisches Glück, Reichtum, Macht usw. ist eben nur zeitlich – echtes, zeitloses, höchstes Glück bietet nur die Erleuchtung.

77 Frage

Was denken Buddhisten über **Sexualität**?

Vor allem: Freude daran haben und niemanden schaden!

Der Buddha selbst hat sich nie besonders mit Sexualität beschäftigt. Auf seinem Hintergrund als Asket und als Kind seiner Zeit sah er in sexueller Enthaltsamkeit für sich selbst und seine → Mönche die beste Lösung. Das ist durchaus verständlich, da Sex etwas sehr Intimes ist und Menschen darum in diesem Bereich besonders verletzbar sind. Dieses Gebiet ganz zu vermeiden, um kein neues → Leiden zu verursachen, ist dann der sicherste Weg. Den → Laien empfahl Buddha als Realist lediglich, darauf zu achten, dass niemand sexuell verletzt werde. Innerhalb der Kulturen, in denen der Buddhismus sich festigte, wurde diese Regel dann unterschiedlich ausgelegt. Von strenger ehelicher Treue bis zu Beziehungen mit mehreren Partnern und – in → Japans Shingon-Schule – schwuler Liebe zwischen Mönchen, war und ist in der buddhistischen Welt so ziemlich alles vertreten. Der Grundsatz blieb immer derselbe: Kein Leid durch Sexualität verursachen!

Für den modernen, westlichen Buddhisten heißt dies: Den Partner zutiefst respektieren, nicht unnötig Herzen brechen, genießen und mehr noch: sich den Genuss des anderen zum Ziel setzen.

78 Frage

Was ist die empirische Person? – oder: Was sind **Skandhas**?

Nach der → Nicht-Ich-Lehre gibt es kein Selbst, keine Seele; Personen, wie wir sie wahrnehmen, (›empirische Personen‹) bestehen lediglich aus sich stets verändernden Zusammensetzungen von Einzelbedingungen, so genannten → Daseinsfaktoren (*dharmas*). Das Entstehen der Ich-Illusion wird dabei durch einen Fünferschritt erklärt, die fünf ›Gruppen der → Anhaftung‹. Sie bilden die Grundlage für die buddhistische Erkenntislehre und kognitive Psychologie:

Eine Form (1.), ein äußeres Objekt (*rūpa*) ruft einen Sinneseindruck, ein Gefühl (2., *vedanā*) hervor, das als eine Art Wahrnehmung fungiert. Aus Objekt und Subjekt entsteht (3., *saṃjñā* Pāli *saññā*) vorbewusstes Subjekt. Diese verursacht eine innere Antwort des vorbewussten Subjektes in Form einer Tatabsicht (4., *saṃskāra* Pāli *sankhāra*). Diese Willensregung bringt die Illusion eines ›Ichs‹ und somit das (Ich-)Bewusstsein (5., *vijñāna* Pāli *viññāna*) hervor.

Die fünf Skandhas spielen auch eine Rolle bei der Erklärung der Ursache des Leidens durch die → Konditionalkette.

79 Frage

Wie gehen Buddhisten mit **Störgefühlen** um?

Störende Gefühle kennen wir alle. Wut, Neid, Angst tauchen oft genug in unserem → Geist auf und färben unsere Erlebniswelt dunkel. Der Buddha sah vor allem zwei Grundgefühle als die Ursache des Leidens: Verwirrtheit (*moha*) und Begierde (*tṛṣṇā)*.

Verwirrtheit oder Verblendung, Dummheit ist es, wenn wir an der Vorstellung von einem ›Ich‹ festhalten, Unwissenheit steht darum auch am Beginn der → Konditionalkette des Leidens. Und Begierde, → Anhaftung, ist die Ursache des → Leidens nach den → Vier Edlen Wahrheiten. Nun sind diese zwei Gefühle allen nicht erleuchteten Wesen gemein; wie aber geht man als Buddhist ganz konkret mit schlechten Gefühlen um? Was in der modernen kognitiven Psychotherapie erst seit wenigen Jahrzehnten gelehrt wird, praktizieren Buddhisten seit Jahrhunderten: Störende Gefühle soll man nicht bekämpfen, sondern als Rohmaterial ansehen, mit denen man arbeiten kann. Dabei geht man besonders im → Diamantweg davon aus, dass Störgefühle die Quelle für verschiedene Arten von → Weisheiten sind. Entsprechend den fünf → Buddhafamilien wandeln sich die sogenannten Gifte (*viṣa*) – Verwirrtheit, Hass/Wut, Stolz, Begierde und Eifersucht – in allwissende, spiegelgleiche, einschmelzende, unterscheidende und tätige Weisheit. Die Umwandlung dieser Störgefühle geschieht auf tiefster psychischer Ebene natürlich durch → Meditation. In alltäglichen Situationen aber kann man mit bestimmten Geisteshaltungen Störgefühlen begegnen. Das Wichtigste ist dabei einzusehen, dass alle Wesen gleich sind, dass sie glücklich und ohne Leiden sein wollen. Wenn Sie z. B. wütend sind auf jemanden, erinnern Sie sich daran und machen Sie sich bewusst, dass Sie die betreffende Person nur eine geringe Zeit am Tage erleben müssen; der Betreffende seinerseits muss aber 24 Stunden, sieben Tage in der Woche mit sich selbst zusammen sein. Dadurch entwickeln Sie → Mitgefühl und wo Mitgefühl ist, hat Wut keinen Platz mehr. Bei Stolz versuchen Sie sich über das zu freuen, was andere schaffen! Und bei Eifersucht hilft es, dem/derjenigen einfach alles erdenklich Schöne und Gute zu wünschen.

Ein häufiges Gefühl vermissen Sie vielleicht: Angst. Nach buddhistischer Auffassung ist Angst ›alte Wut‹. Wut, Hass und Zorn sind Glücksfresser: Wer hasst, schadet sich selbst am meisten. Hier hilft Vergebung und der Wunsch, dass jeder Mensch alles Glück der Welt erfahren möge. So entwickeln wir Vertrauen daran, dass → Erleuchtung immer da ist, auch wenn wir sie noch nicht immer erleben. Wenn wir es schaffen, alles was geschieht als spannend, neu und gut anzusehen, brauchen wir keine Angst mehr zu haben.

80 Frage

Was wird in einem **Stūpa** bewahrt?

In einem Stūpa (Pāli: *thūpa*) werden Reliquien bewahrt, ursprünglich die sterblichen Überreste des historischen → Buddha. Denn nach Buddhas Tod bzw. Eintritt ins → Nirvana wollten die Menschen eine sichtbare Erinnerung an ihren Lehrer behalten. Die ersten dieser Reliquienschreine wurden dann auch an den wichtigsten → Pilgerorten (Geburtsort: Lumbinī, Erleuchtungsort: Bodh-Gayā, Ort der ersten Predigt: Sārnāth und Sterbensort: Kuśinagara) errichtet und glichen noch sehr Grabhügeln. Von ihnen ist kaum noch etwas übrig, aber das bauchige Halbrund des Grabhügels blieb die Ausgangsform eines jeden Stūpa.

Diese Reliquienschreine baute man später vor allem zur Verehrung dessen, was nach Buddhas Tod die Menschen zur → Erleuchtung führt: Buddhas Lehre (→ *dharma*). Die Lehre kann sich in Form von Schriften auf Palmblättern, Birkenbast oder bei modernen Stūpas auch durch Bücher im unzugänglichen Innenraum befinden. Allein der indische Kaiser Aśoka, ein großer Förderer des Buddhismus im 3. Jh. v. u. Z., soll 84.000 Stūpas gebaut haben! Alte Stūpas findet man in Indien u. a. in den Klosteranlagen von Bhārhut und Sanchi (Sāñci). Auf ihren Umfassungen finden sich berühmte Darstellungen von Szenen aus Buddhas Leben und → Vorgeburtslegenden.

Eine Höhepunkt dieser Baukunst und der gesamten buddhistischen → Kunst stellt die Stūpa-Anlage von Borobudur auf Java dar. Sie stammt aus dem 9. Jh., als der Buddhismus in seiner nördlichen Form (→ Mahāyāna) in Indonesien blühte. Insgesamt 72 Stūpas sind hier zu einer Meditationskarte (→ Mandala) angeordnet, die den Stufenweg eines Erleuchtungsstrebenden (→ Bodhisattvas) symbolisieren. Auch hier verzieren die Umfassungen eindrucksvolle Darstellungen von Buddhas Leben und Vorgeburtslegenden.

Ungefähr zur gleichen Zeit entwickelte sich aus dem Stūpa in Ostasien die Pagode, deren markante Form man z. B. überall in Thailand und → Japan antrifft.

In → Tibet entwickelten sich acht Formen eines Stūpa (tib. *mchod rten*, ›Tschörten‹, ›Verehrungsbehälter‹). In ihrer Grundstruktur versinnbildlichen sie jeweils das von Erleuchtung durchdrungene Universum: Die Mittelachse steht für den Berg Meru, das mythische Zentrum des Kosmos. Das quadratische Fundament (›Löwenthron‹) mit seinen zweifach unterteilten fünf Stufen (den fünf Wegen zur Erleuchtung und zehn Stufen eines → Bodhisattvas) steht für das Element Erde; Wasser ist im rundlich-ovalen Mittelbau (›Vase‹) dargestellt. Diese enthält eine Buddhastatue (Ausnahme: ›Nirvana-Stūpa‹) und ist oft mit den großen Augen der geistigen Einsicht geschmückt, die man häufig in der tibetischen Kunst findet. Wie bei altindischen Sonnenschirmen finden sich hier 13 Stufen, die für das Element Feuer stehen; dann münden der eigentliche Schirm (Luft), gekrönt von Halbmond und Sonne (Raum) in einen flammenförmigen Punkt, dem *nāda*, der für die → Leerheit (*śūnyatā*), das Absolute, die Erleuchtung steht.

Pilger umschreiten einen Stūpa andächtig, z. B. unter → Mantragesängen, immer im Uhrzeigersinn, so dass die rechte Schulter dem Bau zugewandt ist. Die Umrundung der Stūpa gilt als verdienstvolle Tat, die gute Folgen, gutes → Karma bewirkt.

81 Frage

Was hat **Tantra** mit Sex zu tun?

Bis heute herrscht ein großes Missverständnis. In esoterischen Kreisen gilt Tantra als gleichbedeutend mit spirituellem Sex. Diese Vorstellung stammt aus mystischen Geheimlehren des Hinduismus. Es handelt sich dabei um Praktiken, die auch im Hinduismus erst nach langen Vorbereitungen unter Begleitung eines spirituellen → Lehrers (Guru) vollzogen wurden. Noch in jüngsten Veröffentlichungen werden hinduistisches und buddhistisches Tantra vermengt: Beide sind aber grundverschieden. Der hinduistische Tantriker sucht spirituelle Macht; er arbeitet aus ganz anderen Beweggründen und verwendet auch völlig verschiedene innere Energiebahnen als der buddhistische Meditierende. Wenn man dagegen → Buddhaformen in sexueller Vereinigung (*yab yum*) betrachtet, zielt dies nicht auf Sinnenfreuden. Sie stehen vielmehr für die Einschmelzung der Gegensätze in der reinen Sicht, in der → Erleuchtung. Sexuelle Praktik im tibetischen Buddhismus existiert zwar in der Theorie, aber unter so strengen Voraussetzungen, dass m. W. keiner der wenigen dazu autorisierten tantrischen Lehrer diese Praktiken zurzeit auch wirklich ausübt (u. a. fordert allein die vorbereitende Phase für eine einzige Vereinigungsmeditation bereits eine Zurückziehung von ca. einem halben Jahr).

Was ist dann aber buddhistischer Tantra? ›Tantra‹ bedeutet eigentlich ›Gewebe‹, meint gleichzeitig auch ›Ursprung (von Wissen)‹. Konkret bezeichnet *tantra* eine Klasse von Schriften und das entsprechende mystische Lehr- und Übungssystem im → Diamantweg, der deshalb auch Tantrayāna heißt. Je nachdem ob die Buddhaform, auf die man meditiert (→ Yidam), als entferntes Objekt der Verehrung, als spiritueller Freund oder in der Verschmelzung mit ihr als Erleuchtungsaspekt wahrgenommen wird, spricht man von *Kriyā-*, *Caryā-*, oder *Yoga*-Tantra. Die höchste Klasse bildet das *Anuttara-Yoga-Tantra*. In diesen schwierigsten Meditationen wird die Wirklichkeit, die Erleuchtung ist, in einer unmittelbaren Totalität erfahren. Nach den Polen von Mittel (*upāya*) und → Weisheit (*prajñā*) unterscheidet man in Tibet dabei zwischen ›Vater‹-Tantra (wie das *Guhyasamāja*), ›Mutter‹-Tantra (wie das *Cakrasaṃvara*, der Haupttext der Kagyüpa-Schule, und das *Hevajra*, Haupttext der Sakyapa-Schule) und ›nicht dualem‹ Tantra (wie das → *Kālacakra*, der Hauppttext der Gelugpa-Schule). Die alte Schule des Tibetischen Buddhismus, Nyingmapa, kennt davon abweichend sechs Tantra-Klassen. Unabdingbar für tantrische Meditationen ist die → Zuflucht und die Ermächtigung durch einen qualifizierten Lehrer (Lama).

Lit.: Keith Dowman: *Die Meister des Mahāmudrā*, München: Hugendubel 1991.
Jeffrey Hopkins (Hg.): *Tantra in Tibet*, München: Diederichs [4]1992.

82 Frage

Wer ist die ›Befreierin‹ **Tārā**?

Im → Diamantweg-Buddhismus → Tibets ist Tārā der Ausdruck der Erleuchtung als → Mitgefühl in seiner tätigen, weiblichen Form (s. → Buddhaformen). Ihr Name bedeutet ›Stern‹; wörtlich aber meint Tārā ›die, die hinüberbringt (ans Ufer der → Erleuchtung)‹. Sie ist wie das → Floß, von dem der historische → Buddha gerne sprach. Sie stellt handfesten Schutz vor weltlichen und geistigen Gefahren dar. Darum nennen die Tibeter sie ›Drölma‹, ›Befreierin‹ (*sgrol ma*). In den ›108 Namen der edlen Tārā‹, einem Preislied in Sanskrit, das vor dem 11. Jh. entstand, spricht Tārā darum so:

Solange meine Namen in Erinnerung bleiben, beschütze ich alle Wesen immerdar: Ich werde sie über die Flut ihrer vielen Ängste geleiten. Darum singen die edlen Seher von mir in der Welt als ›Tārā‹, mit bittend erhobener Hand, voll Verehrung und heiliger Scheu. (Verse 17-8)

In Darstellungen findet sie sich seit dem späten 6. Jh. (Höhle 7, Aurangabad/West-Indien) in enger Verbindung mit dem männlichen Ausdruck des Mitgefühls: → Avalokiteśvara. Der Legende nach entsprang sie einem Lotus, der aus Avalokiteśvaras Träne entstand. Normalerweise wird sie darum mit einem Lotus in der Rechten dargestellt, während die Linke die Geste (→ Mudrā) der Wunschgewährung (*varada*) macht: die Hand zeigt am Knie nach unten, die Handfläche ist nach vorne gedreht. Tārā wird mit einem dritten Auge auf der Stirn abgebildet, was ihre geistige Verwirklichung versinnbildlicht. Im ›Preis in 21 Versen‹ werden 21 Formen von Tārā beschrieben. Dieses Loblied gehört zu den meist gesungensten geistigen Liedern Tibets, es ist auch im Sanskritoriginal überliefert:

Om! Ehre sei der erhabenen, edlen Tārā! Ehre sei Tārā, der hurtigen Heldin, deren Augen glänzen wie Wetterleuchten, geboren aus den sich öffnenden Blüten des Gesichts-Lotus des Herrn der drei Welten. Ehre sei Dir, Herrin, deren Antlitz von 100 Vollmonden erfüllt ist, leuchtend wie die funkelnden Strahlen von 1.000 Sternen. Ehre sei Dir, Herrin, deren Hand geschmückt ist mit einem blauen Lotus, Goldene, deren Tatbereich Freigiebigkeit, Streben, Verzicht, innere Ruhe, Geduld und Meditation ist. (Vers 1-3)

Der letzte Vers beschreibt fünf der sechs ›Vollkommenheiten‹ eines Erleuchtungsstrebenden (→ Bodhisattva, s. → Ethik). Tārā wird in der Tat wie Avalokiteśvara als Bodhisattva bezeichnet; die sechste Vollkommenheit, die Weisheit, verkörpert sie in ihrer Form als ›Höchste Weisheit‹ (→ *Prajñāpāramitā*), dem Sinnbild der gleichnamigen mystischen Lehren über die → Leerheit aller Dinge. Weisheit als Einsicht in die Leerheit ist die ›Mutter aller Buddhas‹, so wird sie auch als ›Mutter Tārā‹ angerufen.

In ihrer volkstümlichsten Form ist sie von grüner Hautfarbe und sitzt entspannt, das rechte Bein vor dem linken ausgestreckt (›Bodhisattva-Haltung‹). Sie beschützt vor den ›acht Gefahren‹: Löwen, Elefanten, Schlangen, Feuer, Räubern, Gefängnis, Wasserfluten und Menschenfresser-Dämonen (*piśācas*).

Dagegen sitzt Tārā mit weißer Hautfarbe in vollkommener Meditationshaltung, die Beine übereinander gekreuzt. In dieser Meditationsform wird sie u. a. mit langem Leben und geistiger Gesundheit in Verbindung gebracht und findet sich dann häufig mit Amitāyus, dem roten Langlebensbuddha, und der achtarmigen weißen Uṣṇīṣavijayā.

In irdischer Gestalt soll sie in zwei Ausstrahlungen als nepalesische und chinesische Gemahlin des tibetischen Königs Songtsen Gampo (7. Jh.) erschienen sein; dies wird dann mit den soeben beschriebenen Meditationsformen Śyāma-Tārā (grün) und Sita-Tārā (weiß) in Verbindung gebracht.

83 Frage

Gibt es einen buddhistischen **Teufel**?

›Jein‹.

Einen Teufel als äußere, böse Macht oder, wie im Volksglauben der Christen, als Gegenspieler des guten → Gottes gibt es nicht. Den Glauben an himmlische Mächte, Götter, Geister und Dämonen hat der Buddhismus zwar nie abgelehnt, aber weder ist es als Buddhist notwendig, an solche Mächte zu glauben, noch spielen sie eine Rolle auf der Suche nach → Erleuchtung.

Auf der anderen Seite gibt es schon eine Gestalt, die dem Teufel in Judentum, Christentum und Islam ähnelt. In den Buddhalegenden wird häufig von der Versuchung des Erhabenen durch Māra gesprochen. Dieser probierte unter Aufbietung aller erdenklicher Kräfte, den Erleuchtungssucher am Erreichen seines Zieles zu hindern. Ein gewaltiger Wirbelwind, eine gigantische Regenwolke, ein Regen von spitzen Steinen und Kohlen, erstickendem Sand und Schlamm, die Finsternis selbst – nichts fruchtete. Schließlich verlangte Māra einen Zeugen für Buddhas Verdienste aus früheren Leben – die Erdgöttin Bhūmi selbst legte Zeugnis ab für ihn. Wenn Sie eine Abbildung des Buddha Śākyamuni sehen, ist er meistens bei der Anrufung der Erde als Zeugin abgebildet: Die rechte Hand berührt, den Handrücken nach vorne, die Erde.

Die Versuchung Buddhas durch Māra stand Modell für die bekannte Versuchung Jesu in der Wüste. Dennoch ist es wichtig zu begreifen, dass hier in der Bildsprache des Volkes ein innerer Vorgang im Erleuchtungsuchenden beschrieben wird, keine wirkliche Person.

Auch der Anblick bestimmter Kunstwerke des nördlichen Buddhismus erinnert an Teufel und Dämonen: Schädelketten, blutgefüllte Schalen, Fangzähne … Diese wüsten Gestalten jedoch symbolisieren den → beschützenden Aspekt von Erleuchtung und haben mit Dämonen überhaupt nichts gemein.

84 Frage

Warum nennt man den südlichen Buddhismus auch **Theravāda**?

Wenn wir vom ›südlichen Buddhismus‹ sprechen, verwenden wir einen neutralen, geographischen Begriff, um einen Zweig des Buddhismus zu bezeichnen. Denn diese Form des Buddhismus findet sich heute vor allem in den ›südlichen‹ Ländern Asiens Sri Lanka, Birma, Laos, Thailand und Kambodscha. Der nördliche Buddhismus, → Mahāyāna und → Diamantweg, dagegen ist heute vor allem in den ›nordasiatischen Gebieten‹: → Tibet, Mongolei, → China, → Japan, Korea, aber auch Vietnam verbreitet. Die Anhänger des südlichen Buddhismus nennen ihre Schule selbst ›Theravāda‹, ›Weg der Älteren‹. Die Bezeichnung will sagen, dass sie die alte, reine Lehre des Buddha bewahren. Dieser Anspruch geht auf das 2. oder 3. → Konzil (4./3. Jh. v. u. Z.) zurück, wo es zu einer Spaltung der buddhistischen Urgemeinde vor allem über Fragen der → Mönchsregeln (*vinaya*) kam. Die Mehrheit war damals für eine Lockerung der strengen Vorschriften, die Vorläufer des Theravāda hielten jedoch an dem engeren Regelwerk fest. Der Theravāda stützt sich auf den → Pāli-Kanon, weshalb man ihn auch ›Pāli-Buddhismus‹ nennt; kennzeichnend für den südlichen Buddhismus ist die eindrucksvolle Tradition des *Abhidhamma* (Skt. *Abhidharma*, ›Bei-Lehre‹), der philosophischen Auseinandersetzung mit den Belehrungen über Ursache und Wirkung (→ Karma). Dies wird bei der → Meditation der → Achtsamkeit (*vipassanā*) in nicht-wertendes Beobachten der geistigen Abläufe umgesetzt. Die Vernichtung des → Leidens, die zur Erleuchtung führt, wird vor allem auf der Ebene des Verhaltens des Einzelnen angestrebt. Auch Güte (*mettā*) spielt eine wichtige Rolle; das Heilsziel bleibt aber die eigene Befreiung aus der Welt des Leidens, die → Arhatschaft. Ferner sind → Frauen und → Laien im südlichen Buddhismus den männlichen → Mönchen untergeordnet.

Wegen dieser Einschränkungen nennen die Schulen des Mahāyāna den Theravāda manchmal auch ›das Kleine Fahrzeug‹,

Hīnayāna: ein Gefährt, in dem nur wenige Menschen Platz hätten. Doch diese Bezeichnung, die man auch öfter in der westlichen Literatur findet, sollte man vermeiden, da sie als verurteilend und verletzend empfunden werden kann. Und sicherlich sind die Lehren des südlichen Buddhismus für alle buddhistischen → Schulen unverzichtbar, kostbar und heilbringend.

Lit.: Richard Gombrich: *Der Theravada-Buddhismus*, Stuttgart: Kohlhammer 1996.
Ulrich Schneider: *Der Buddhismus*, Darmstadt: WBG [4]1997.

85 Frage

Was macht den Buddhismus in **Tibet** so geheimnisvoll?

Tibet ist die Heimat der dritten Hauptströmung des Buddhismus, des Vajrayāna oder → Diamantwegs. In der unzugänglichen Hochebene zwischen den Ketten des Himalaya und des Kunlun-Schan blieben die alten, mystischen Lehren des Buddhismus bewahrt, während sie in Indien durch die Zerstörungen der Moslems und das Wiedererstarken des Hinduismus schon längst verloren gegangen waren. Die vorbuddhistische Bön-Religion Tibets trug zwar zur Sonderentwicklung im Kult bei, beeinflusste die Lehre aber nur geringfügig. Im Gegenzug wurde der schamanistische Bön erst durch den Einfluss des Buddhismus zu einem Lehrsystem.

Der Buddhismus kam im 7. Jh. nach Tibet und verankerte sich dort im 8. Jh. vor allem unter dem Einfluss von → Padmasambhava, Tibets ›zweiten Buddha‹. Diese Zeit gilt als die ›frühe Bekehrung‹ Tibets. Die älteste Schule des tibetischen Buddhismus, Nyingmapa (*rnying ma*, ›Schule der Alten‹, Rotmützen) führt sich auf diese Periode zurück. In ihrer wichtigsten Lehre, der ›Großen Vollendung‹ (*Mahā-Ati, rdzogs chen*), bringt sie die Philosophie der → Leerheit und des → Geistes zu einer gewaltigen Zusammenschau.

Im 9. Jh. erstarkten die buddhismusfeindlichen Kräfte, die meisten Buddhisten fielen grausamen Verfolgungen zum Opfer. Mit neuen Übersetzungen kamen im 10. Jh. Meister aus Indien und allmählich entstand das heutige System von vier großen Schulen:

Neben den Nyingmapas entwichelte sich zunächst die Kagyü-Schule, die ›mündliche Übertragung‹ (*bka' brgyud*); sie führt sich über den großen → Yogi Milarepa und Marpa, den Übersetzer, auf die indischen Meister Nāropa und Tilopa, bzw. Maitripa, Saraha und → Nāgārjuna zurück. Milarepas Schüler Gampopa schuf mit dem ›Juwelenschmuck der Befreiung‹ zum ersten Mal eine Anleitung für einen Stufenweg (*Lam rim*) zur → Erleuchtung. Mit Gampopas Schüler Düsum Khyentse begann die Reihe der → Karmapas, die älteste Wiedergeburtslinie des tibetischen Buddhismus. Der Karmapa ist das Haupt des wichtigsten Kagyü-Zweiges, der Karma Kagyü-Schule. Yogische, unorthodoxe Mittel kennzeichnen die Kagyü-Schule, die Schule der Dichter und ›Heiligen Narren‹. Neben den sechs Lehren des Nāropa, die ganz im Zeichen yogischer Kontrolle über die inneren Energiebahnen stehen, kennzeichnet die Kagyü-Schule als wichtigste Lehre die ›das Große Siegel‹ (*Mahāmudrā*) genannte reine Sicht. Wie das Dzogchen der Nyingmapas ist diese Lehre eine einzigartige Umsetzung und Überhöhung der ursprünglich gegensätzlichen Schulen der Leerheit und des ›Nur-Geist‹. Raum und Freude sind hier unscheidbar, grenzenlos eins.

Die Sakya-Schule (*sa skya*) ist nach ihrem Hauptkloster benannt und blühte vor allem im 13. Jh. unter dem Dichter-Philosophen Sakya Paṇḍita (1182–1251). Zur Zeit der Mongolenvorherrschaft hatte diese Schule die politische Macht inne. Eine Besonderheit liegt bei den Sakyapa darin, dass sich ihre Leitung innerhalb eines alten tibetischen Adels, der Khön-Familie, vererbt. Ihr Oberhaupt ist der Sakya Tridzin, der ›Thronhalter von Sakya‹. Der gegenwärtige Linienhalter sowie der zweite in der Rangfolge, der ›Generationshalter‹ Jigdal Dagchen Sakya, bemühen sich besonders um den Ausgleich der verschiedenen Schulen des tibetischen Buddhismus. Im 19. Jh. hatte sich nämlich eine ›tibetische Ökumene‹ entwickelt, die ›Rime‹-Bewegung (*ris med*), der sich beide verpflichtet fühlen.

Als Besonderheit der Sakyapa gelten die ›Lamdre‹-Lehren (*lam 'bras* ›Weg und Frucht‹). Sie gehen auf den indischen Meister Virūpa zurück. Der Weg zur Erleuchtung wird hier bereits als Teil der Erleuchtung erfahren.

Die Gelugpa-Schule (*dge lugs*) ist die jüngste der vier tibetisch-buddhistischen Schulen. Der Reformator Tsonkhapa (1357-1419) hatte sie auf der Grundlage von Lehren der Sakyapas und der verloschenen Kadampa-Schule des indischen Meisters Atiśa gestiftet. Sie sieht die Leerheits-Philosophie als letzte Stufe buddhistischer Weisheit an. Man muss hier anmerken, dass die Gefahr bei dieser Sichtweise in einer Überbetonung des Verstandes beim Weg zur Erleuchtung liegt. Das zeigt sich teilweise in einer Schwächung der Überlieferungskette der Meditationen vom Lehrer zum Schüler; auch veröffentlichen einige Lamas dieser Schule bedenkenlos geheime (= geschützte) → Tantra-Texte und → Mantren, besonders von → Beschützern. Vor allem verneint diese Sichtweise die spezifisch tibetische Zusammenschau von Leerheit und Geist, wie sie uns bei den Nyingmapas im *Dzogchen* und bei den Kagyüpas im ›Großen Siegel‹ begegneten. Tsonkhapa betonte dagegen die Wichtigkeit eines intellektuelleren Stufenwegs zur Erleuchtung, den er nach Vorbild der Kadampa- und Kagyü-Lehren zusammenstellte.

Nach der Besatzung durch die Rotchinesen (1949/50) flohen ab 1959 viele hohe Lamas aus Tibet. Wegen der Unterdrückung in Tibet selbst wird der tibetische Buddhismus heute vor allem durch Exiltibeter und eine wachsende Zahl westlicher Anhänger praktiziert.

Lit.: Michael von Brück: *Religion und Politik im Tibetischen Buddhismus*, München: Kösel Verlag 1999.
Jeffrey Hopkins: *Der tibetische Buddhismus*, München ^{2}1998.

86 Frage

War der Buddhismus immer so **tolerant**?

Ja, im Großen und Ganzen schon.

Bekehrungen mit Feuer und Schwert, wie es sie in der Geschichte des Christentums und des Islam immer wieder gegeben hat, gab es im Buddhismus nie. Denn nicht die Verbreitung eines Glaubens, einer letzten Wahrheit ist Kern der Lehre → Buddhas, sondern die innere Suche nach → Erleuchtung. Darüber hinaus gilt der Grundsatz ›Nicht-Verletzen‹, keinem fühlenden Wesen Leid zuzufügen, als Basis buddhistischer Verhaltenslehre (s. → Ethik).

Freilich gab es in der Geschichte auch buddhistische Machthaber, die andere Reiche erobert haben; und freilich ist dies auch blutig geschehen. Nur konnten diese Herrscher sich in ihren unheilvollen Handlungen nie auf Buddhas Wort berufen. Wenn sie es dennoch versuchten, wurden sie von spiritueller Seite stets hart zurechtgewiesen. Natürlich hat politische Macht seine Eigendynamik. Und selbst buddhistische → Mönche haben vereinzelt der Versuchung zur politischen Gewalt nicht widerstanden. Dies gilt besonders für → Tibet. Die → Dalai Lamas waren nicht immer bescheidene Friedensprediger. Selbst der heutige Dalai Lama erweist sich in bestimmten Fragen als unnachgiebiger Machtpolitiker.

Allgemein aber gilt: Der Buddhismus achtet die menschliche → Freiheit in so hohem Maße, dass er alle Menschen, welcher Religion oder Weltanschauung sie auch anhängen, in ihrem Eigenrecht bestehen lässt. Fanatismus, Unterdrückung von → Frauen und Andersdenkenden und das Predigen von Hass kann der Buddhismus nicht tolerieren. Aber Buddhas ›Segen‹ liegt auf jeder Religion, die Menschen guttut, sie befreit und über sich selbst hinauswachsen lässt.

87 Frage

Sind alle Buddhisten **Vegetarier**?

Nein, erstaunlicherweise nicht.

Der → Buddha empfahl zwar seinen Jüngern, vegetarisch zu leben. Tiere sind fühlende Mitwesen, denen man kein Leid zufügen sollte. Auf der anderen Seite zeigte sich auch in dieser Frage der Buddha als Mann der Praxis. Es war klar, dass man Fleischgenuss im Alltag nicht immer vermeiden konnte. Die → Mönche der buddhistischen Urgemeinde, die sich ihre Nahrung ja erbetteln mussten, sollten nehmen, was ihnen gegeben wurde. Fleisch sollten sie nur dann ablehnen, wenn es speziell für sie geschlachtet wurde. Man kann insofern sagen, dass die ersten Buddhisten ›passive Vegetarier‹ waren. Der Buddha selbst soll an den Folgen eines Schweineragouts gestorben sein! Konservative Kommentare versuchen allerdings das Gericht als ›Pilz-Allerlei‹ zu deuten …

In Gegenden, wo der Buddhismus die beherrschende Religion wurde und es ohne weiteres möglich war, auf Fleisch zu verzichten, setzte sich die vegetarische Lebensweise durch. In anderen Gebieten, in denen es schwierig ist, ohne tierische Nahrung zu überleben, wie z. B. in Tibet, oder wo es zur kulturellen Identität gehört, Fleisch und Fisch zu essen, wie größtenteils in → China und → Japan, sind die meisten Buddhisten keine Vegetarier. Dennoch bleibt es für einen Buddhisten keine einfache Wahl, Fleisch und Fisch zu essen, da immer das Leid fühlender Wesen mit dieser Ernährung verbunden ist. Tierquälereien wie z. B. lebende Hummer in kochendes Wasser zu werfen, um rote Farbe und den Geschmack der Todesangst zu bekommen, sind natürlich grundsätzlich nicht akzeptabel. Wer aber als Buddhist auf Fleisch nicht verzichten will, sollte dieses bewusst z. B. auf artgerechte Tierhaltung hin auswählen und gute Wünsche für eine gute Wiedergeburt der Tiere tun.

88 Frage

Was sind die **Vier Edlen Wahrheiten**?

Die Vier Edlen Wahrheiten bilden das Grundgerüst der buddhistischen Lehre, nämlich, dass Leben → Leiden ist und dass es einen Weg aus dem Leiden gibt:

1. Die Wahrheit vom Leiden: Alles ist leidhaft, d. h. unbeständig, vergänglich und durch Ursache und Wirkung bedingt.
   Geburt ist Leiden, Alter ist Leiden, Krankheit ist Leiden, Sterben ist Leiden, Trauer, Jammer, Schmerz, Aufwallung und Beunruhigung bedeuten Leiden. Abwesenheit von Ersehntem und Anwesenheit von Verhasstem bedeutet Leiden. Kurz: Die fünf Gruppen des Anhaftens (→ Skandhas: *das, was die Person ausmacht*) *sind Leiden.*
2. Leiden hat eine Ursache, nämlich den ›Durst‹ (*tṛṣṇā*, Pāli *taṇhā*), also Begierde, → Anhaftung.
3. Leiden hat ein Ende durch das Vernichten des ›Durstes‹.
4. Der Weg zur Vernichtung des Leidens ist der edle → Achtgliedrige Pfad, ein sehr konkreter Lebensweg, der die Erkenntnis des Weges (rechte Anschauung), den Willen, ihn zu gehen (rechter Beschluss), sittlichen Lebenswandel (rechte Rede, rechtes Handeln, rechter Lebenserwerb) und eine besondere Lebenspraxis sowie → Meditation (rechte Anstrengung, rechte Aufmerksamkeit, rechte Versenkung) erfordert.

Die Vier Edlen Wahrheiten bilden den Inhalt von → Buddhas erster → Lehrrede. Diese hielt er nach seiner → Erleuchtung im Gazellenhain bei Benares. Fünf ehemalige Gefährten waren seine ersten Zuhörer; einst hatten sie ihn verlassen, als er die sechs Jahre lang praktizierte unmenschliche → Askese aufgab, nun wurden sie seine ersten Jünger. Mit den Belehrungen über den → Mittelweg – also dem Weg zwischen Schwelgerei und Selbstzerstörung – und über diese Vier Edlen Wahrheiten setzte der Buddha das ›Rad der Lehre‹ (*dharmacakra*) in Gang. Darum heißt diese → Lehrrede im → Pāli-Kanon auch ›Sūtra vom Andrehen des Rades der Lehre‹.

89 Frage

Gab es Buddhas schon in der **Vorzeit**?

Buddha Śakyamuni ist der historische → Buddha; er wirkte im 5. Jh. v. u. Z. in Nordindien und lehrte den Weg zur Befreiung vom Leiden. Nach buddhistischer Vorstellung lebten allerdings bereits in früheren Weltzeitaltern ›Erwachte‹, also Buddhas, die den Menschen den rechten Weg verkündeten. Das hat damit zu tun, dass nach indischer Vorstellung die Zeit nicht gerade, ›linear‹, verläuft; vielmehr ist alles Teil eines ewigen Zyklus. Darum gab es bereits in der Vorzeit Buddhas. Auch der Buddha dieses Weltalters ist nicht der letzte, Buddhisten erwarten ebenfalls einen Buddha in der → Zukunft. Entsprechend wird von den ›Buddhas der Drei Zeiten‹ (Vergangenheit, Gegenwart und Zukunft) gesprochen. Damit ist dann die Totalität der Erleuchtung gemeint. Zeit wird zum fließenden Begriff, die Anwesenheit eines Buddha zum einigenden Band.

Alle diese Buddhas haben nach jener Auffassung die gleichen Merkmale und teilen diesselben charakteristischen Erlebnisse; beispielsweise vollbringen sie die traditionellen → Zwölf Taten. In biografischen Beschreibungen beginnen daher alle buddha-typischen Schilderungen mit dem Ausdruck »Der Regel entsprechend (war er so und so, tat er dies und das)«. Einigen Texten zufolge erstreckt sich die Gleichheit sogar auf Details wie den Geburtsort oder den Namen der Eltern. Damit wird verdeutlicht, dass ›Buddha‹ nicht für eine Person steht, sondern für das Programm → ›Erleuchtung‹: Der Schatz der buddhistischen Lehre ist nicht auf die Menschen eines Zeitalters beschränkt!

Die Zahl der Vorzeitbuddhas schwankt. Manche Texte sprechen von sechs, der erste war dann Vipaśyin. Andere sprechen von 15 oder 24 und der erste von ihnen hieß dann Dīpankara.

90 Frage

Wie viele Leben hatte Buddha Śākyamuni? – oder: Was sind **Vorgeburtslegenden**?

Bevor Gautama Siddhārtha, der spätere Buddha, geboren wurde, durchlebte er zahllose → Wiedergeburten, in denen er große Verdienste ansammelte. Die Vorgeburtslegenden (*jātakas*) erzählen davon. Ihr Erzählgut stammt häufig aus der gemein-indischen Märchen- und Fabelwelt, die wir z. B. durch Sammlungen wie den *Pañcatantra* und den *Hitopadeṣa* kennen. Einige dieser Wandermotive gelangten über die Griechen selbst in die europäische Literatur.

Häufig behandelt eine Legende vor allem eine besondere Tugend (wie Freigiebigkeit, Geduld, → Mitgefühl), die der zukünftige Buddha darin zur Vollkommenheit bringt. Diese ›buddhistischen Märchen‹ erfreuen sich in allen → Schulen großer Beliebtheit.

Der → Pāli-Kanon kennt allein 547 *jātakās*, in denen die früheren Wiedergeburten des Buddha erzählt werden – vom Brahmanen Sumedha, der vor dem Urzeitbuddha Dīpankara das Gelübde zum Erlangen der Erleuchtung ablegt, bis hin zu Vessantara, der in seiner unübertrefflichen Großzügigkeit selbst Frau und Kinder verschenkt. Es handelt sich hierbei um ›prosimetrische‹ Texte, d. h. sie sind in Versen geschrieben, die durch Abschnitte in Prosa begleitet werden. Die Prosateile gelten allerdings überwiegend nicht als Teil des eigentlichen Kanons und sind häufig viel jünger.

Viele Pāli-*jātakās* haben exakte Parallelen in Sanskritwerken, besonders dem *Mahāvastu*, einer Art Biografie des Buddha, die den Ordensschriften (*vinaya*) der Lokottaravādin-Schule zugehört. Besonders kunstvoll gedichtet ist der *jātakā*-Kranz des Dichters Āryaśūras aus dem 4. Jh.; er umfasst 34 Legenden in Sanskritversen.

Eine den *jātakās* verwandte Textgattung sind die *apadānas* (Skt. *avadānas*). Es handelt sich dabei um Vorgeburtslegenden buddhistischer ›Heiliger‹ (→ Arhats); im Pāli-Kanon sind dies ebenfalls 547 in Versform. Die Trennung von *jātakās* und *apadānas* ist nicht immer konsequent durchgeführt – die Pāli-*apadānas*, und in noch höherem Maße die Sanskrit-*avadānas*, enthalten auch Vorzeitlegenden vom Buddha.

Lit.: Else Lüders: *Buddhistische Märchen aus dem alten Indien*, München: Diederichs 1991.
Johannes Mehlig: *Buddhistische Märchen*, Frankfurt: Insel 1992.

91 Frage

Was meint buddhistische **Weisheit**?

Weisheit (*prajñā*, Pāli *paññā*) ist die Einsicht darin, dass alles vergänglich, leidhaft und ohne Eigennatur ist: Weisheit ist die Erkenntnis der → Leerheit.

Nach Buddhas Lehre in den → Vier Edlen Wahrheiten ist es die Begierde, der ›Durst‹, der uns an die bedingte Welt des Leidens (→ *saṃsāra*) fesselt. Nach seinen Belehrungen über → Karma (Ursache und Wirkung) in der → Konditionalkette, die den Bedingungszusammenhang des Leidens nachzieht, ist die Verblendung der Ausgangspunkt des Leidens. Durch die Überwindung dieser grundsätzlichen Verwirrung öffnet die Weisheit uns die wahre Sicht auf die Dinge, Leerheit und → Freiheit in der Erleuchtung.

In mystischer Sprache umschreiben dies die Schriften der ›Höchsten Weisheit‹ (→ *Prajñāpāramitā*). Im → Mahāyāna (nördlicher Buddhismus) gilt Weisheit neben → Mitgefühl darum als die wichtigste Eigenschaft der → Erleuchtung. Dabei gehören beide untrennbar zusammen. Denn Weisheit ohne Mitgefühl wird steif und unnahbar, Mitgefühl ohne Weisheit jedoch gefühlsduselig und unwirksam.

Die eigentliche → Buddhaform, die erleuchtete Weisheit darstellt, ist der immer jugendliche Bodhisattva Mañjuśrī, dessen Flammenschwert das Dunkel der Verblendung zerteilt.

92 Frage

Warum ist **Wiedergeburt** nichts Gutes?

Viele Menschen, die zum ersten Mal östlichen Gedanken begegnen, sehen in der Vorstellung von Wiedergeburt etwas Großartiges, etwa eine neue Chance. Sie gehen wie selbstverständlich davon aus, dass sie in ähnlichen oder besseren materiellen und geistigen Verhältnissen wiedergeboren werden. Dabei wird übersehen, dass es eine kostbare Gelegenheit darstellt, als Mensch gesund in einem Land ohne Krieg, Hunger und täglichen Überlebenskampf zu leben. Höchstens 20 Prozent der Weltbevölkerung hat diese Möglichkeit. Und wenn man als Tier wiedergeboren wird? Oder in Zuständen von Angst und Wahnsinn? Nach buddhistischer Tradition gibt es sechs Existenzreiche (s. → Gott); wer garantiert, dass wir wieder Menschen werden? Selbst wenn die äußeren Faktoren alle stimmen, so bleibt Leben doch vor allem → Leiden: Geboren werden ist Leiden, krank sein ist Leiden, Sterben ist Leiden; die Abwesenheit von ersehnten Dingen und Menschen ist Leiden, genauso wie die Anwesenheit von unangenehmen Umständen. Momente der Freude tauchen in diesem Ozean des Leidens nur kurz auf und sind nicht mehr als Galgenmähler: Wenn der schöne Augenblick vorbei ist, wird einem das Leiden desto schlimmer bewusst. Darum ist Wiedergeburt nichts Gutes. Sie entspringt nach indischem Denken dem Gesetz von Ursache und Wirkung (→ Karma). Der Buddha hat die Begierde, das → Anhaften an ein ›Ich‹, als Ursache des Leidens erkannt und einen Weg aus dem Kreislauf der Wiedergeburten gewiesen: Dauerhaftes Glück verspricht nur → Erleuchtung.

93 Frage

Was besagt die Lehre von den zwei **Wirklichkeiten**?

Vor allem: dass es uns nicht gibt. Zumindest nicht vom Standpunkt der absoluten Wahrheit aus. Von hier aus erscheint alles, was ist, als → Illusion:

Dies ist die Tiefe der Lehre, welche darum ein Geheimnis für die gewöhnlichen Leute darstellt. Die Illusionshaftigkeit der Welt ist das Belehrungsunsterbliche der Buddhas.

Wie man eines illusionären Elephanten Geburt und Ende sehen kann, aber es diese Geburt und diesen Tod in Wirklichkeit nicht gibt, so kann man auch Geburt und Ende bei dieser illusionshaften Welt erkennen, aber von der höchsten Wahrheit aus betrachtet gibt es freilich weder Geburt, noch Ende.

Sowie ein Illusionselephant von nirgendwo kommt und nirgendwohin geht: da er nur aus Bewusstseinsverblendung heraus ist, ist er nicht wirklich existent –, so ist die illusionsgleiche Welt: Sie kommt nicht, sie geht nirgendwohin; da sie nur aus Bewusstseinsverblendung heraus ist, ist sie nicht wirklich existent.
(Nāgārjuna, *Ratnāvali* 2, 9-13)

Die Lehre von den zwei Realitäten ist eine Antwort auf die Widersprüche, die Buddhas Lehre vom → Nicht-Ich aufwarfen, z. B. dass es Wiedergeburt ohne → Seele und → Leiden, ohne einen, der leidet, gibt. Buddha kennzeichnet die Welt und die sie begründenden Bedingungen als ›leer‹, ›ohne Eigennatur‹. Davon ausgehend entwickelte sich eine praktische Scheidung in ›vorläufiger‹, ›empirischer‹, ›bedingter‹ Wirklichkeit (*saṃvṛti*) einerseits und ›höchster‹, ›absoluter‹ Wahrheit (*paramārtha)* und Weisheit (→ *Prajñāpāramitā*) andererseits. Wir leben, gefangen im Wahn unserer ›Ich‹-Ideen, in einer Welt, die durch Ursache und Wirkung (→ Karma) in immer neuen → Wiedergeburten als leidvoll erfahren wird. Diese Welt ist sehr wirklich für uns. Absolut gesehen ist sie aber nicht reell, sie ist Spiel des → Geistes, leer. Diese höchste Wahrheit kann in der → Meditation erfahren werden, was mit dem Aufhören der → Anhaftung an ein ›Ich‹ und damit der → Erleuchtung zusammenfällt.

Zusammen mit dem → Bodhisattva-Gedanken, allen Menschen zur Erleuchtung zu verhelfen, und der Lehre der allen innewohnenden → Buddhanatur, dem Keim der Erleuchtung, bildet die Lehre von den zwei Wirklichkeiten das Gerüst für die gedankliche Entwicklung des nördlichen Buddhismus, → Mahāyāna und → Diamantweg.

94 Frage

Was ist ein ›geistiges Band‹, ein **Yidam**?

Im → Diamantweg-Buddhismus, dem Weg der Verschmelzung mit dem ›Buddha in uns‹, stellt der Übende in der Meditation die Verbindung zur vollen Entwicklung des → Geistes, der Erleuchtung her. Dabei konzentriert er sich auf Eigenschaften oder Tatbereiche von Erleuchtung – vorgestellt als → Buddhaformen – , zu denen er eine besondere Beziehung fühlt. Diese Erleuchtungsaspekte formen so ein geistige Band (tib. *yi dam*, ›Jidam‹) zwischen dem schlummernden oder erwachenden Keim der Erleuchtung des Meditierenden (→ Buddhanatur) und der ganzheitlichen Wirklichkeit, die Erleuchtung ist. Der Übende erfährt dies durch Verschmelzung mit seinem Yidam. Grundsätzlich kann jede der unzähligen Buddhaformen zum Yidam werden, entsprechend den Fähigkeiten und Neigungen des Einzelnen. Yidams kann man auch Meditationsgottheiten nennen. Dann sollte man allerdings beachten, dass sie als Formen erleuchteter Energien keine von uns getrennten Mächte – → Götter – darstellen; sie bilden einen in der Meditation vorgestellten Ausdruck der Klarheit und der grenzenlosen Möglichkeit des Geistes.

Wie finde ich nun meinen eigenen Yidam? Nun, niemand sollte einfach so auf Buddhaformen meditieren. Die Mittel des Diamantwegs sind sehr wirksam, aber ohne gute Begleitung kann man leicht große Hindernisse aufbauen. Man sollte sich einen fortgeschrittenen → Lehrer suchen, zu dem man Vertrauen hat und der ehrlich und lebensfroh aussieht. Durch die → Zuflucht stellt man sich in die Übertragungslinie einer Schule und in deren Schutz. Nach gründlichen, vorbereitenden Übungen findet man dann zusammen mit dem Lehrer den Erleuchtungsaspekt, der die besten Ergebnisse verspricht. Meistens ist dies – der Lehrer selbst! Im *guru-yoga* wird der Lama selbst zum Yidam des Schülers. Er steht dann nicht mehr für eine Person mit Stärken und Schwächen, sondern für das Programm ›Erleuchtung‹ im ganzen Kraftfeld der Übertragungslinie. So garantiert er schnelle Entwicklung.

Lit.: Kalu Rinpoche: *Den Pfad des Buddha gehen*, Bern: Scherz [4]1998.

---

95 Frage

Die zerlumpte Erleuchtung. – oder: Was ist ein **Yogi**?

Er lebt jämmerlich bekleidet in Höhlen hoch im ewigen Schnee des Himalayas, meditiert, dichtet und vollbringt wunderliche Dinge. In einem tibetischen Yogi erscheint uns alles Geheimnisvolle dieser Region, dem ›Dach der Welt‹. Und besonders eine Gestalt kommt uns in den Sinn: Milarepa (1040–1124), Zentralfigur der ›mündlichen Übertragungslinie‹, der Kagyü-Schule. Als ehemaliger Schwarzmagier musste Milarepa von seinem → Lehrer Marpa erst acht hohe Türme bauen, bevor er ihn als Schüler annahm. In ›100.000 Diamantliedern‹ besang Milarepa die Kraft der Erleuchtung. Er gilt neben Sakya Pandita und dem 6. Dalai Lama als Tibets größter Dichter …

Im tibetischen → Diamantweg ist ein Yogi ein ›Verwirklicher‹, einer der außerhalb der Konventionen seiner Umgebung → Erleuchtung sucht und findet. So hat er viel mit den Wanderasketen gemein, zu denen der historische Buddha sechs Jahre lang vor seiner Erleuchtung zählte. In der heutigen Zeit gibt die Bezeichnung ›Yogi‹ auch ein Ziel für die wachsende Zahl der → Laien, die den Diamantweg üben, an: Einer, der mitten im Leben steht und dabei dennoch unerschrocken und freudvoll Erleuchtung anstrebt.

Lit.: *Milarepas gesammelte Vajra-Lieder*, 2 Bde. Berlin: Theseus 1997. Walter Y. Evans-Wentz: *Milarepa – Tibets großer Yogi*, Bern: Scherz [4]1978.

96 Frage

Wie klingt das Klatschen einer Hand im **Zen-Buddhismus**?

Widersprüchliche oder sinnlos klingende Fragen wie diese werden den Zen-Schülern vom Meister immer wieder gestellt. Frage wie Antwort werden zum Paradox (*kôan*), das auf → Erleuchtung hinweist. Denn wer z. B. weiß, wie das Klatschen einer Hand klingt, hat den Erleuchtungsmoment (*satori*) erlebt. Dieser Moment ist das unmittelbare Erfassen der höchsten Wahrheit, in der es keine Vorstellung von ›Ich‹ und ›Du‹ mehr gibt. *Satori* ist das Ziel des japanischen Zen-Buddhismus. Kennzeichnend für den *Zen* ist eine Meditationspraxis, die auch im Westen viel Anklang gefunden hat. Ähnlich den Meditationen im südlichen Buddhismus (*vipassanā*) wird u. a. durch regungsloses Sitzen (*zazen*) und Beobachten des Atems ein Zustand der Geistesruhe erreicht. Die Perioden des Sitzens werden dabei stets durch Zeiten gelassenen Schreitens unterbrochen. Auch bei der Gehmeditation verweilt der Geist im Hier und Jetzt. Es wird angestrebt, diese Geistesruhe in allen, noch so alltäglichen Situationen beizubehalten. Wenn der Geist völlig beruhigt ist, kann der Erleuchtungsmoment eintreten. Er wird als absolute Gegenwärtigkeit erfahren. Typisch für den Geist des *Zen* ist dann, dass dies auch z. B. beim Geschirrspülen passieren kann – wenn man nur ganz bei dem ist, was man gerade tut.

Im Zen-Buddhismus steht die Meditationspraxis über allen heiligen Schriften. Selbst das Denken an einen Buddha während der Meditation wird als Ablenkung aufgefasst. Darum heißt ein berühmter Zen-Spruch: *Triffst Du Buddha unterwegs, schlag' ihn mit dem Stock!*

Die Bezeichnung ›Zen‹ leitet sich von dem Sanskritwort *dhyāna* (chin. *ch'an*), ›Meditation‹, ab. Im 6. Jh. soll Bodhidharma die chinesische Vorform, den *Ch'an*-Buddhismus, aus Indien eingeführt haben; er gründete sich besonders auf die Texte der ›Höchsten Weisheit‹ (→ *Prajñāpāramitā*) und das *Lankāvatāra*-Sūtra. Eisai führte den Rinzai-Zen 1191 in Japan ein. In dieser Zen-Schule strebt man bewusst Erleuchtung an und sitzt in der Meditation zum Raum gewandt. Der Lehrer gibt systematisch *koân's*. Der große Dichter Hakuin gehörte dieser Richtung an. Der Erneuerer und Dichter Dôgen Kigen brachte 1227 den Sôtô-*Zen* aus → China nach → Japan. In dieser Zen-Schule ist Meditation sozusagen ›zweckfrei‹, man sitzt mit dem Gesicht zur Wand, wenn *satori* einsetzt, geschieht dies spontan.

Seit dem 15. Jh. wurde *Zen* zum Träger der japanischen Kultur. Durch die Betonung des Hier und Jetzt als Tor zur Befreiung hatte der Zen-Buddhismus besonders fruchtbaren Einfluss auf die Künste, vor allem die Architektur, die Malerei, den Gartenbau. Eine besondere kulturelle Leistung des *Zen* ist der unvergleichliche Teeweg (*cha no yu*). In dieser berühmten Zeremonie werden durch einen genau festgelegten Ablauf die Zubereitung und das Trinken des grünlichen Pulvertees zu einer hohen Meditation.

Lit.: Horst Hammitzsch: *Zen in der Kunst des Tee-Weges*, Bern: Scherz [1958. 1977] 2000.
Daisetz T. Suzuki: *Die große Befreiung. Einführung in den Zen-Buddhismus*, [1949] Bern: Scherz 1999.

97 Frage

Wozu brauchen wir **Zuflucht**?

Zunächst einmal nehmen wir automatisch Zuflucht. Beispielsweise streben wir nach Reichtum, Geld, Macht, Anerkennung oder Genuss. Zufluchtnehmen ist etwas, was wir täglich tun. Buddhisten sind sich aber darüber bewusst, dass die einzige Zuflucht, die dauerhaftes Glück verspricht, in der Suche nach → Erleuchtung besteht. Darum suchen Buddhisten nicht zu weltlichen Dingen Zuflucht, sondern richten ihren Geist auf Beständiges. Sie nehmen Zuflucht zum → Buddha. Er ist der Lehrer, der die Erleuchtung verwirklicht hat. Da nach den Lehren des → Mahāyāna und des → Diamantwegs Erleuchtung aber nichts ist, das getrennt von uns ist, sondern vielmehr in jedem von uns bereits anwesend ist (→ Buddhanatur), nehmen wir damit auch Zuflucht zum erleuchteten Zustand unseres eigenen Geistes. Zum Zweiten nehmen Buddhisten Zuflucht zu Buddhas Lehre, dem → *dharma*. Damit gehen sie eine Verbindung mit dem konkreten Erfahrungsweg ein, den der Buddha uns gewiesen hat. Und drittens nehmen sie Zuflucht zur Gemeinschaft, der → Sangha. Niemand kann sich ohne Hilfe rasch entwickeln. Die Gemeinschaft hilft auf dem Weg zur Erleuchtung. Im nördlichen Buddhismus denkt man hierbei besonders an die große Zahl verwirklichter Wesen, die im Kreislauf der Existenzen bleiben, um anderen Wesen zu helfen; ›Gemeinschaft‹ meint hier die → Bodhisattvas. Diese drei Gegenstände der Zuflucht werden auch die ›Drei Juwelen‹ (*triratna*) genannt. Seit ältester Zeit wird man durch das Sprechen der Zufluchtsformel vor der Gemeinde oder dem → Lehrer »offiziell« Buddhist.

Der Diamantweg sieht sich als eine Richtung an, die mit besonders wirksamen und raschen Mitteln an Erleuchtung arbeitet. Darum ist da auch ein besonderer Schutz nötig. Dieser Schutz ist der autorisierte Lehrer (Lama): Er hat bereits etwas verwirklicht, was in uns bislang nur schlummert; auf dieser Ebene stellt er nicht eine Person vor, sondern steht für das Programm ›Erleuchtung‹. Er steht in der langen Reihe verwirklichter Meister (Transmissionslinie). So vereinigt er Segen und Schutz vor Hindernissen auf dem Weg. In den Meditationen steht er an Stelle des Buddha oder des Erleuchtungsaspektes. So wird ein sicheres Umfeld geschaffen, in dem wir den Umgang mit Erleuchtung erfahren und einüben können. Darum nimmt man im Diamantweg als Viertes Zuflucht zum Lehrer. Darüber hinaus gibt es hier bei bestimmten Meditationen auch noch die Zuflucht zu den Meditationsaspekten (→ *yi dam*) als Qualitäten der Erleuchtung und zu den → Beschützern als der spontanen, kraftvollen Aktivität der Erleuchtung. Lehrer, *yi dam* und Beschützer werden auch die drei Wurzeln genannt.

---

98 Frage

Wird es auch in **Zukunft** wieder einen Buddha geben?

Buddha Śākyamuni ist lediglich der → Buddha unseres gegenwärtigen Zeitalters. Ihm gingen viele Buddhas der → Vorzeit voran; und in einem kommenden Weltzeitalter, in 30.000 oder gar 3.920.000.000 Jahren, wird wiederum ein Buddha erscheinen, nämlich *Maitreya*, ›der Liebevolle‹ (Pāli: *Metteyya*, tib. *byams pa*, ›Dschampa‹, chin. *Miluofu*, jap. *Miroku*). Dieser Zukunftsbuddha weilt derzeit noch unter dem Namen Nātha im Himmel ›Glücksruhe‹ und wartet als → ›Bodhisattva‹ – hier also eine Bezeichnung für einen künftigen Buddha – auf seine Aufgabe. Weitere Buddhas werden in noch fernerer Zukunft erwartet. So folgt z. B. im monumentalen *Bhadrakalpika-Sūtra*, das den ersten Band der Abteilung ›Sūtra‹ des Tibetischen Kanons (Kanjur) umfasst, der Zukunftsbuddha Maitreya auf Śākyamuni als fünfter von 1.002 (!) Buddhas dieser Weltperiode.

99 Frage

Was sind die **Zwölf Taten** eines Buddha?

Nach der buddhistischen Tradition Indiens und → Tibets vollbrachte der historische → Buddha Śākyamuni, wie alle Buddhas der → Vorzeit und → Zukunft, zwölf typische Taten. Es handelt sich dabei um das Gerüst einer Biografie des Buddha, wobei es weniger um ihn als Person, als vielmehr um das Programm ›Erleuchtung‹ geht. Auch die buddhistische → Kunst nahm dieses Thema darum immer wieder gerne auf. Die Zwölf Taten, wie sie in Werken wie dem *Lalitavistara* erscheinen, sind:

1. Abstieg aus dem Himmel ›Glücksruhe‹ (*Tuṣita*), 2. Empfängnis, 3. Geburt, 4. Jugend und Studium, 5. Luxus und Hochzeit, 6. → Vier Ausfahrten und Weltentsagung, 7. → Askese, 8. → Meditation unter dem Erleuchtungsbaum, 9. Sieg über den Versucher Māra, 10. Vollkommene Erleuchtung, 11. Lehrtätigkeit: Das ›Drehen des Rades der Lehre‹, 12. Verlöschen: Eintritt ins *Parinirvāṇa*.

Lit.: Ernst Waldschmidt: *Die Legende vom Leben des Buddha*, Graz: 1982.

Stichwortverzeichnis

(die Angaben beziehen sich jeweils auf die Nummer der Frage, die fett gedruckten Angaben verweisen auf das Hauptschlagwort)